Aprender a ser tú mismo; comienza en tu interior

Recuperación y cura para los seres queridos de personas adictas a sustancias

Brenda Ehrler

Título original: Learning to Be You; Its an Inside Job

Recovery and Healing for the Loved Ones of the Substance Addicted

Segunda edición revisada

Traducción: Marisol Pérez Casas

Just Be Publishing, Inc.   Salt Lake City, Utah

NEW HANOVER COUNTY
PUBLIC LIBRARY
201 CHESTNUT STREET
WILMINGTON, NC 28401

Aprender a ser tú mismo; comienza en tu interior

Recuperación y cura para los seres queridos de personas adictas a sustancias

De Brenda Ehrler

Derechos Reservados © 2000 por Brenda Ehrler
Primera edición 1999
Segunda edición revisada 2000
Edición en español del 2003

Todos los derechos reservados. Ninguna parte de este libro puede ser reproducida o transmitida de ninguna forma o por ningún medio, electrónico o mecánico, incluyendo fotocopias, grabaciones o sistemas de archivo de información sin el permiso escrito de la casa publicadora.

Publicado por:
Just Be Publishing, Inc.
P.O. Box 571176
Murray, UT 84157-1176
Impreso en los Estados Unidos de América

ISBN 0-9668219-5-5

Table Of Contents

Capítulo 1
El final y el comienzo 11

Capítulo 2
Yo también necesitaba recuperarme 17

Capítulo 3
Las familias y el abuso de sustancias............ 25

Capítulo 4
La enfermedad 31

Capítulo 5
Espíritu ilimitado, amoroso y compasivo......... 39

Capítulo 6
Tomar conciencia y asumir responsabilidad 49

Capítulo 7
Recuerda el Plan, cambia tu percepción 73

Capítulo 8
Amor a uno mismo... ¿Qué nos impide tenerlo? ... 93

Capítulo 9
El poder de la manifestación 113

Capítulo 10
Verdades universales que pueden afectar tu vida.. 125

Capítulo 11
Mente, cuerpo y espíritu 131

Capítulo 12
Nuestro ambiente 137

Capítulo 13
Verdades sencillas *141*

Capítulo 14
Mi creencia *145*

RECONOCIMIENTOS

Quiero agradecer a mi familia por confiar en mis capacidades. En especial quisiera agradecer a mi esposo por su apoyo y por haber aceptado este libro. No habría historia alguna si él no se hubiera recuperado y sanado.

Quisiera reconocer la labor de mi hijo, Sy Ehrler, quien creó la ilustración que aparece en la portada. Usando su visión creativa logró interpretar la descripción de lo que le pedí y me dio mucho más de lo que hubiera imaginado.

También quisiera darle las gracias a mi hija Adryen por sus valiosas sugerencias. Ella fue quien leyó y aprobó los primeros capítulos del libro. Su apoyo fue muy oportuno y significativo.

Editado por:
Ben Mates
Criticado por:
Rita Robinson, *Writers Digest Criticism Service*
Lectores:
Cynthia Jones, Linda Márquez, Joyce Luker y Betty Jo Bartlett, Walter Blanco
Foto de la autora:
Dave Labrum, Fotógrafo, *Busath Photography*, Salt Lake City, Utah
Gracias a las siguientes personas por su ayuda técnica y administrativa:
Coilin Brown, *Syncnet*, Salt Lake City, Utah
Ramona Rudert, Directora ejecutiva del *Womens Business Center* en el *Salt Lake Area Chamber of Comerce*.

Dedico este libro a nuestra gatita, Miracle. Ella dejó su cuerpo físico el 26 de febrero de 1999, luego de haber ocupado un lugar especial en el corazón de cada miembro de mi familia.

Esta edición revisada la dedico a nuestro perro Sebastián, un schnauzer miniatura, quien dejó su cuerpo físico el 26 de octubre de 1999 y pasó a la próxima etapa de su existencia.

Introducción

No hay accidentes en la vida, sino una serie de experiencias que nos llevan a un gran final. Si piensas que este libro te está hablando, lo está.

Escribí este libro para los amigos y familiares de personas adictas a las drogas y el alcohol. He vivido el dolor que acompaña la adicción de un ser querido. En 1980, conocí a mi esposo y nos casamos. Él es adicto a las drogas y alcohólico. Usó drogas y alcohol hasta 1990 y se ha mantenido sobrio desde entonces. Compartiré cómo llegamos a curar no sólo la manifestación externa de la adicción, sino también las condiciones interiores que la ocasionaron.

Si eres amigo o familiar de un alcohólico o de un adicto a las drogas, puede que tu historia sea similar a la mía. Puede que hayas escogido este libro con la esperanza de encontrar consuelo en sus páginas. Sé que vas a encontrar consuelo, pero tal vez no de la manera que esperas. No te voy a dar una lista de lo que debes o no debes hacer en cada situación. Tampoco te voy a decir que la experiencia desagradable por la que estás pasando desaparecerá. Te daré ideas sobre cómo cambiar tus percepciones y así cambiar tu vida. Te pido que no emitas juicios a medida que lees este libro. Compartiré muchos detalles sobre la disfunción de mi familia y cómo luchamos con la enfermedad de la adicción. Lo haré para ayudarte a entender mejor las experiencias de tu propia vida.

Capítulo 1

El final y el comienzo

Había estado leyendo libros sobre personas a quienes les habían apuntado con un arma y me preguntaba por qué simplemente no salían corriendo, así que eso fue lo que hice.

El titular decía lo siguiente: "Automóvil de esposa recibe disparo, arrestan esposo". Este es el final de nuestro final y el verdadero comienzo de nuestro nuevo comienzo.

Joe está borracho cuando me recoge en el trabajo. Bebe casi todos los días. Por lo tanto, para él es un día normal, pero algo ha cambiado en mí. Durante las dos millas a campo abierto que tomaba llegar a mi casa, trato de explicarle a Joe que durante los nueve años y medio de nuestra relación habíamos estado tratando, sin éxito, de cambiarnos el uno al otro.

"Joe, estoy cansada de la manera en que estamos viviendo. Tal vez sería mejor que nos separáramos. Tú puedes seguir tu

Aprender a ser tú mismo; comienza en tu interior

camino y beber todo lo que quieras. Yo puedo seguir el mío y dejar de quejarme constantemente".

A Joe no le agrada mi sugerencia. Reacciona como siempre cuando se le confronta con el tema de la bebida. Trata de echarme la culpa. Habla sobre un problema que sabe logrará alterarme, de mis intentos fallidos de obtener otra plaza en mi compañía. Sostiene que mi pasado gris ha impedido que obtenga esas plazas. Para variar, estoy muy cansada como para pelear y no reacciono como él espera. Sus acusaciones sólo confirman mi decisión de separarnos.

Estacionamos el automóvil en la entrada de nuestra casa alquilada y entramos. Joe continúa tratando de alterarme.

Cuando ve que no obtiene la reacción que espera, camina hacia la puerta con las llaves del automóvil en la mano.

Lo detengo, "¿Para dónde vas?"

Me dice que va a visitar a un amigo.

"Yo te llevo. No quiero que manejes borracho".

Se burla de mí y me dice que soy su mamita porque quiero llevarlo a casa de su amigo.

Sé que si me quedo pelearemos. Estoy muy cansada y no sé realmente cómo voy a reaccionar, así es que no me quedo para averiguar lo que estaba por suceder. Voy a mi cuarto, busco mi bolso y salgo de la casa. Me monto en el automóvil, pongo la llave en la ignición y lo enciendo. Levanto la cabeza y veo a Joe de pie frente al automóvil apuntándome con una escopeta. Había estado leyendo libros sobre personas a quienes alguien les había apuntado con un arma y me preguntaba por qué simplemente no salieron corriendo, así que eso fue lo que hice. Muevo la palanca de cambios, doy marcha atrás, y salgo de la entrada de la casa.

Siento y oigo que algo le da a la parte de atrás del automóvil. Pienso que Joe le ha tirado una piedra. Me duele pensar que sería capaz de tirarme algo. Los ojos comienzan a llenárseme de

El final y el comienzo

lágrimas que luego bajan sobre mi rostro. Sigo mi camino sin saber a dónde voy. Las amistades que hemos hecho en los cinco años que llevamos en el pequeño pueblo de Sumas, Washington consumen alcohol sin que les cause problemas. Creo que no entenderían mi posición. Mi única otra opción es ir al lugar donde trabajo.

Llego al estacionamiento y encuentro un espacio frente a la oficina. Me bajo del automóvil y camino hacia la parte de atrás para ver el daño causado. Para mí es impactante y doloroso ver residuos de pólvora en la esquina derecha del parachoques trasero. Entro a la oficina y al no encontrar a Bill, mi supervisor, salgo a la planta a buscarlo.

Encuentro a Bill y al capataz en el patio central de la planta. "Joe le diparó a la parte de atrás del automóvil". Me imagino que a Bill le sorprende verme tan calmada mientras le cuento lo ocurrido. No sé si es porque estoy aturdida o porque estoy acostumbrada a conductas imprevistas.

Bill me dice que tengo que llamar a la policía.

"No, no puedo llamar a la policía".

Bill no puede creerlo y trata de convencerme diciéndome que le pidamos a la policía que acuda primero a la oficina.

Algo me dice que Bill tiene razón, pero en lo único que puedo pensar es en cuánto me va a costar. ¿De dónde voy a sacar el dinero? Estamos prácticamente sobreviviendo con lo que tenemos. ¿Cómo voy a asumir otra carga económica? Llamar a las autoridades sólo conseguiría empeorar las cosas, no mejorarlas. Joe no tiene manera de pagar, pues no ha estado trabajando. Yo sufriría más que él. Sin embargo, Bill tiene un punto. Imagino que cuando las autoridades llegaran a la oficina, tendría la oportunidad de hablarles sobre la frágil condición de Joe, y tal vez las cosas puedan manejarse sin muchos contratiempos. Accedo a llamar.

Aprender a ser tú mismo; comienza en tu interior

Llamo a la policía y la operadora me mantiene en línea mientras llama a los patrulleros. Alcanzo a oír la radio al otro lado del teléfono y me doy cuenta de que las cosas no están saliendo como yo quería. Por el contrario, los oficiales iban directo a mi casa. Joe llama a la oficina por la otra línea; dejo a la operadora en espera.
"Joe, llamé a la policía".
Está muy alterado. No puede entender por qué hice semejante cosa.
"Le disparaste a la parte de atrás del automóvil. Tuve que llamar a la policía".
Sé que está aturdido y asustado. Joe cuelga el teléfono y vuelvo a tener en línea a la operadora.
Poco después llega un vecino a la oficina con nuestro hijo de ocho años. Joe le había pedido que lo trajera donde yo estaba. No me preocupaba su seguridad, pues sabía que Joe no le haría daño. Pienso que Joe suponía que algo malo iba a ocurrir o no hubiera enviado a mi hijo.
Al otro lado de la línea telefónica escucho que alguien dice en la radio que el vecino escuchó varias detonaciones. Estoy segura de que Joe se suicidó.
Comienzo a llorar sin control al pensar en lo que estoy escuchando.
Digo una y otra vez, ¿Qué voy a hacer si se suicidó? Será culpa mía. No sé si podría vivir con eso".
Pasan unos cuantos minutos de incertidumbre antes de que la operadora vuelva al teléfono y me diga que han detenido a Joe.
En Washington, el Estado acusa al sospechoso en casos de violencia doméstica. No sé si hubiera podido acusarlo si hubiese tenido que hacerlo.
Durante las semanas después de lo ocurrido dejé que las circunstancias determinaran mis pasos. Bill me dijo que podía

El final y el comienzo

tomar unos días libres. La escuela primaria estaba en el receso de primavera así que decidí tomar la semana libre y manejar hasta Utah. Cuando la esposa de Bill me llamó para ofrecerme apoyo, le dije que deseaba que me acompañara, porque me preocupaba manejar las mil millas sola con mi hijo, (suele darme sueño cuando manejo distancias muy largas). Colgó el teléfono y me llamó enseguida para decirme que Bill iría conmigo en vez de tomar un avión para ir a una reunión de negocios que tenía en Salt Lake City, Utah. Agradecida, acepté el ofrecimiento, pero consideré que era un gran sacrificio. Bill estaba en un viaje de negocios, por lo que la compañía pagó por la gasolina. Manejé durante todo el trayecto sin dificultades, pero era reconfortante saber que alguien podía tomar mi lugar en caso de que me diera sueño.

Una vez en Salt Lake City fui a la oficina principal de la compañía para la que trabajaba. En la primera media hora que estuve allí, cinco personas se acercaron para preguntarme si había solicitado la plaza en el departamento de artes gráficas. Me dio la impresión de que alguien estaba tratando de decirme algo. Concerté una cita para una entrevista. Durante la entrevista, Jay, el supervisor, me ofreció el trabajo. En vez de aceptarlo le conté lo que había pasado. Le dije que tenía que hablar con Joe antes de aceptar la plaza. Jay me dio una semana para decidir. Cada día que pasaba me inclinaba más a tomar la decisión y regresar a Utah. Mi padre me ofreció prestarme el dinero que necesitaba para la mudanza. Pero aún no estaba segura de lo que iba a hacer hasta que llegué al trabajo el lunes siguiente y Bill me dijo que necesitaba saber mi decisión.

"Voy a aceptar el puesto en Salt Lake".

Jay me necesitaba lo más pronto posible. Le dije que estaría allí en dos semanas. Durante esas dos semanas me sentí como un robot. Una amiga me ayudó a empacar mis pertenencias, pues

- 15 -

Aprender a ser tú mismo; comienza en tu interior

me sentía tan abrumada que no podía hacerlo. Mis compañeros de trabajo se unieron y contribuyeron. Cada uno hizo lo que pudo para ayudarme. Mi hermano vino en avión desde Idaho para ayudar a guiar el camión de mudanza hasta allá. Joe se inscribió voluntariamente en un centro de tratamiento. Tenía una orden del Tribunal de no comunicarse conmigo. Tan pronto llegué de mi viaje a Utah llamé al centro de tratamiento y pedí que me dejaran hablar con Joe, pero acataron la orden del Tribunal y no me dejaron hablar con él.

"Necesito decirle que me voy a mudar a Salt Lake City en dos semanas".

La consejera quedó en darle el mensaje a Joe.

Durante las dos semanas antes de nuestra mudanza a Utah, mis hijos y yo asistimos al programa de tratamiento para la familia que ofrecía el centro. Allí una de las consejeras me dijo que me llevara a mis hijos lejos, aunque ella no creía en dar recomendaciones a los pacientes.

Sé que la consejera sólo trataba de ayudarme. Me llevé a mis hijos y me fui, pero con la intención de dejar que Joe se reuniera con nosotros luego de que cumpliera su sentencia de tres meses en tratamiento y dos semanas en la cárcel. Le advertí que si volvía a beber o a usar drogas nuestro matrimonio terminaría.

Capítulo 2

Yo también necesitaba recuperarme

Por fortuna, mi Poder superior me puso frente a un espejo y me dijo que me mirara bien. Fue revelador darme cuenta de que no estaba en posición de emitir un juicio.

Sabía que huir de mis problemas no los resolvería. Lo cierto era que yo también necesitaba recuperarme. Pero, ¿cuáles eran mis opciones? Eran las siguientes:

1. **Podía separarme del adicto.**

Aprender a ser tú mismo; comienza en tu interior

Sabía que separarme de Joe no era la respuesta para mí. Sabía que si no me recuperaba, iba a atraer a alguien igual a él. Había seguido ese patrón toda mi vida.

2. Podía hacer que el adicto recibiera tratamiento.

Al comienzo de nuestra relación llamé al programa de asistencia para empleados auspiciado por la compañía en la que yo trabajaba. El representante del programa me dio los nombres de los centros de tratamiento para mi esposo adicto. Este consejo no hizo más que darme falsas esperanzas. El incidente del disparo llevó a Joe a comenzar la recuperación que resultó ser exitosa, pero ¿qué me llevaría a mí a recuperarme? En ese momento no sabía si su recuperación tendría éxito ni cómo me afectaría ésta.

3. Podía unirme a un grupo de apoyo.

Puede que pienses que un grupo de apoyo ofrece recuperación y sanación. Tal vez funcione para algunos, pero no encontré ni recuperación ni sanación en Al-Anon. Asistí a varias reuniones con diferentes grupos desde Utah hasta Washington. Me agradó su apoyo y sí los recomiendo para recibir apoyo. Pero me confundió que me dijeran que suspendiera mis conductas poco saludables. Desafortunadamente, no entendía qué era lo que estaba haciendo y por qué lo hacía, o hace años que hubiera dejado de hacerlo. Mi conducta respondía a lo que había conocido toda mi vida. Estaba tan involucrada en mi disfunción que no podía ver más allá de ella.

4. Podía leer todos los libros sobre conductas de co-dependencia.

Yo no creía que estaba en una relación de co-dependencia, pues realmente no sabía lo que significaba este término. ¿Por qué iba a leer esos libros?

Yo también necesitaba recuperarme

Ninguna de las opciones que mencioné era la respuesta para mí, pero en un momento de necesidad, parecían las únicas opciones disponibles. Sin embargo, ninguna ofrecía recuperación interior. En los más de nueve años desde el incidente, he experimentado una gran sanación. Pero antes de que pudiera sanar, necesitaba entender ciertas verdades fundamentales. En este libro hablaré sobre cómo llegué a captar por completo las siguientes diez revelaciones. Me ha tomado años descubrirlas y entenderlas:

1. Yo contribuía a que se dieran las conductas poco saludables.
2. Yo también necesitaba recuperación y sanación.
3. Mis creencias no me dejaban sentir alegría.
4. Si no siento amor por mí misma, no puedo dar amor.
5. Tengo el poder de cambiar las creencias que ya no me funcionan.
6. Mis pensamientos crean mis experiencias.
7. Tengo control total sobre mis pensamientos.
8. No tengo control sobre las acciones de los demás.
9. Todo trabaja en conjunto para un fin.
10. Las penas no desaparecen, se convierten en aventuras.

Aunque han pasado años desde mis llamadas desesperadas al programa de asistencia para empleados, no creo que sus consejos hayan cambiado. Si llamara hoy probablemente me darían el mismo consejo: encuentra la forma de que tu adicto deje su vicio y se solucionarán tus problemas.

Cuando mi esposo y yo recordamos el incidente, comprendemos que los sucesos dolorosos fueron necesarios para lograr los nueve años siguientes de vida sana y sobria. Todavía

Aprender a ser tú mismo; comienza en tu interior

siento tristeza cada vez que recuerdo a mi esposo apuntándome con una escopeta. A mi esposo le horroriza pensar que durante una laguna mental causada por el alcohol estuvo a punto de hacerle daño a la persona más importante en su vida. Sin embargo, si yo no hubiese vivido esa experiencia, no hubiera encontrado la recuperación y la sanación que necesitaba.

Mi recuperación comenzó cuando empecé a aceptar mi responsabilidad. Una vez acepté mi responsabilidad, se desdobló ante mí un plan, y una vez entendí de qué se trataba este plan, desapareció la culpa. Estas revelaciones me llevaron a comenzar a ver mis experiencias como oportunidades de aprendizaje y de crecimiento.

No asumí mi responsabilidad automáticamente. Para lograrlo tuve que hacer cambios interiores. Tuve que cambiar mi percepción. Este cambio de percepción fue mi primera clave de que la paz, la alegría y la felicidad duraderas dependían de cambios interiores y no de los cambios externos por los cuales yo había estado rogando. No soy la única que llegó a creer que la paz, la alegría y la felicidad se pueden encontrar a través de los placeres externos. Esto es algo que nuestra cultura promueve. La publicidad nos ha mostrado que si estamos tristes podemos depender de una sustancia externa que nos haga sentir mejor. Puede que algunos escojamos comer chocolate para levantarnos el ánimo. Otros buscan la felicidad en una droga o en una bebida alcohólica. En la televisión podemos ver el efecto que estas sustancias externas tienen en los demás. La personas en los comerciales son bellas y siempre se ven felices.

Al cambiar mi percepción interior comprendí que lo externo no es eterno y que la felicidad que encontramos dura poco. Si llenamos nuestras vidas de placeres externos pueden pasar dos cosas: 1) desatendemos nuestras necesidades interiores, sustituyéndolas con placeres externos, 2) comenzamos a creer

que estamos en control mientras manipulamos los objetos inanimados externos.
No estoy proponiendo que dejemos de disfrutar de los placeres externos. Al mimarnos nos estamos demostrando amor. Lo que sucede es que los placeres externos no brindan paz interior, alegría y felicidad duraderas.
Al tomar conciencia podemos controlar nuestro bienestar o la disfunción interior. Nuestra condición interior hará que atraigamos circunstancias externas idénticas. Nuestras situaciones externas se convierten en un reflejo de lo que hay en nuestro interior. Si sentimos bienestar atraeremos situaciones externas de bienestar. Del mismo modo, la disfunción interna atraerá situaciones externas disfuncionales. Este concepto se explica en el libro *Adult Children, The Secrets of Dysfunctional Families* de John y Linda Friel. Los Friel creen que dos personas saludables se atraerán mutuamente, y que de la misma manera, dos personas poco saludables se atraerán mutuamente.
Atraemos aquello que nos es familiar (las condiciones interiores atraen situaciones externas idénticas). Buscamos lo que conocemos y lo que nos resulta cómodo. Puede que dos escaladores de montañas se conozcan, se casen y vivan felices para siempre escalando montañas. De la misma manera puede que dos personas poco saludables se conozcan y vivan juntas de manera poco saludable. Esto nos sucedió a Joe y a mí, ambos crecimos con señales del mismo tipo: "No hables, no sientas, no confíes". Por ende, nos atraímos mutuamente. (Abundaré sobre nuestras semejanzas en el capítulo 3). Si todo lo que conocemos es infelicidad, atraeremos a alguien que nos brinde esa experiencia conocida.
La razón por la cual atraemos experiencias externas idénticas a nuestra condición interior es ayudarnos a aprender y a crecer. Nuestro ser espiritual nos mostrará nuestras creencias interiores

Aprender a ser tú mismo; comienza en tu interior

por medio de experiencias externas. Esos gustos y disgustos externos están ahí para ayudarnos a identificar nuestros gustos y disgustos interiores. Los reflejos son una gran herramienta. Cuando identificamos cómo nos sentimos acerca de nosotros mismos, podemos cambiar las creencias que no nos benefician. No olvides que los reflejos no están ahí para juzgar o culpar. Nos sirven de enseñanza en nuestro crecimiento, desarrollo y recuperación. Yo no entendía el verdadero valor de los reflejos como herramienta. Durante los más de nueve años que pasaron antes de que mi esposo recuperara la sobriedad, yo había creído que podía encontrar la paz cambiando mis circunstancias externas. (Estaba tratando de hacerlo al revés). Fue necesario que mi adicto se curara para que yo me diera cuenta de mi error. Al élcurarse, mis circunstancias externas cambiaron. Sin embargo, la paz interior que buscaba no me llegó automáticamente, tuve que buscar aún más para encontrarla. No podía seguir culpándolo. Tenía que aceptar mi responsabilidad por parte de la disfunción. Cuando acepté mi responsabilidad descubrí cuatro poderosas verdades.
1. Sentí un gran alivio (lo contrario de lo que había imaginado). 2. Pude superar la creencia de que mis experiencias externas eran responsables de mi paz, alegría y felicidad. 3. Al examinar mis reflejos, pude ver los cambios interiores que tenía que hacer. 4. Yo y sólo yo tenía la llave de mi felicidad.

Luego de entender mejor los reflejos, pude ver cuán importante era para mí el descubrir el amor a uno mismo. Según lo que había aprendido, si me amaba a mí misma, atraería amor a mi vida. Amarme no había sido parte de mi vida durante muchos años. Descubrí que haciendo algunos cambios internos en mis procesos de pensamiento, podía redescubrir lo que significa el amor a uno mismo.

Yo también necesitaba recuperarme

Amarme no había sido parte de mi vida porque a lo largo de los años había adoptado creencias limitativas sobre mí. Podría hasta mencionar esas creencias. Creía que no valía nada. De acuerdo con mis creencias religiosas, yo había pecado. Creía que no merecía amor. No recuerdo la primera vez que escuché las palabras "Te amo", pero tenía casi treinta años. Creía que no merecía nada. Los pecadores no merecen ser felices. Al nutrir estas creencias sobre mí misma, estaba atrayendo las circunstancias externas de mi vida que confirmaban que eran ciertas. Incluso me negaba los regalos abundantes que ofrece este compasivo Universo.

Para amarme tenía que cambiar las creencias que mencioné anteriormente, y exponer y cambiar las que aún estaban ocultas. Si no me amaba no podía dar amor verdadero a los demás.

Fue necesario que mi adicto se recuperara para que yo iniciara el camino de amor a mí misma. Mis circunstancias externas tuvieron que cambiar para que pudiera experimentar la diferencia entre la satisfacción externa y la plenitud de la paz interior.

Encontrar la paz interior no depende de cambios externos. Puede que otros no necesiten cambios en las circunstancias externas para darse cuenta de la importancia de amarse a uno mismo, pero yo los necesité. Tras encontrar la paz interior, cambiarán nuestros reflejos. Como expliqué en este capítulo, atraeremos circunstancias externas que corresponden con lo que hay en nuestro interior.

Todo esto suena sencillo porque es sencillo. Podemos cambiar nuestra vida aprendiendo a cuidar nuestro interior. Claro está, nuestra vida no estará libre de penas luego de que encontremos el amor a nosotros mismos. Puede que pensemos que queremos una vida cómoda. Pero si tuviéramos una vida cómoda, dejaríamos de aprender y de crecer. Las penas son las

Aprender a ser tú mismo; comienza en tu interior

que nos enseñan las grandes lecciones. Una vez comenzamos a comprender el valor de las penas, podemos abrazarlas como aventuras y verlas como oportunidades de crecimiento. Durante años no pensé que mis penas fueran aventuras. Estaba en negación. Quería que mis circunstancias externas cambiaran. Mi adicto era el problema. Por tanto, yo no quería cambiar nada de lo que estaba haciendo. Pero una vez me di cuenta de que podía tener paz, alegría y felicidad asumiendo la responsabilidad de mis acciones, quise llegar a sanar y recuperarme aún más. Para lograr esto, tenía que entender más a fondo la enfermedad y cómo me afectaba a mí y afectaba a mi familia.

Capítulo 3

Las familias y el abuso de sustancias

El Centro de Recuperación se dio cuenta de que sin la ayuda y el apoyo de amigos y familiares eran menos las probabilidades de recuperación a largo plazo. También reconocía que los familiares eran, o se habían vuelto, tan tóxicos como el adicto a sustancias.

En el Centro de Recuperación al que ingresó mi esposo en dos ocasiones, aprendí sobre las conductas "no hables, no sientas, no confíes" de las que hablé en el Capítulo 2. La primera vez que Joe ingresó fue en 1988. Lo convencí de que fuera al Centro de Recuperación en el St. Joseph Hospital en

Aprender a ser tú mismo; comienza en tu interior

Bellingham, Washington para que recibiera el tratamiento indicado contra alcoholismo y adicción a drogas. Como parte del tratamiento, se alentaba a los familiares, y hasta se les chantajeaba, para que asistieran al programa familiar en el Centro de Recuperación. Si los amigos y familiares iban a recibir tratamiento los jueves, viernes y sábados, podían cenar con el adicto a sustancias en el Centro los domingos. El Centro de Recuperación se dio cuenta de que sin la ayuda y el apoyo de amigos y familiares se reducía la oportunidad de recuperación a largo plazo. También reconocía que los familiares eran, o se habían vuelto, tan tóxicos como el adicto a sustancias.

El Centro de Recuperación comparaba la relación entre el adicto a sustancias y su familia con un móvil. Si una de las piezas del móvil se mueve, las demás piezas se mueven también para equilibrar el movimiento. De la misma forma, en la familia del adicto a sustancias, el adicto llama la atención con su conducta y los familiares reaccionan.

Para sobrevivir el comportamiento inconsecuente, y muchas veces caótico, del adicto a sustancias, la familia suele desempeñar ciertos roles. Los participantes del juego de roles tienen dos tipos de sentimientos: los que experimentan en su interior y los que se manifiestan al exterior.

El adicto a drogas o el alcohólico es el miembro de la familia que tiene una dependencia química.

Sentimientos interiores: culpa, vergüenza y odio a sí mismo
Sentimientos que manifiesta: demuestra rabia, acusa y se justifica

El facilitador principal es la persona a cargo. El adicto a sustancias depende de ella más que de ninguna otra persona. El facilitador principal asume las responsabilidades del adicto a sustancias a medida que éste va perdiendo el control.

Las familias y el abuso de sustancias

Sentimientos internos: rabia, miedo y culpa
Sentimientos que manifiesta: autocompasión, exceso de responsabilidad y manipulación
El héroe familiar es quien provee el sentido de valía familiar.
Sentimientos interiores: soledad, dolor e inadecuación
Sentimientos que manifiesta: éxito y búsqueda de aprobación
El chivo expiatorio es el que distrae el foco de atención de la familia, usualmente mediante conductas destructivas. Este miembro de la familia ha aprendido que no importa quién eres sino qué haces.
Sentimientos interiores: soledad, rechazo y rabia
Sentimientos que manifiesta: reta a la autoridad y llama la atención con su conducta. Puede que esta persona comience a adoptar conductas adictivas y a consumir drogas o alcohol.
El niño invisible ofrece alivio portándose bien.
Sentimientos interiores: dolor, soledad y rabia
Sentimientos que manifiesta: se muestra reservado e independiente
El payaso contribuye con diversión y humor.
Sentimientos interiores: confusión e inseguridad
Sentimientos que manifiesta: no le da mucha importancia a las cosas.

Mientras escribo, mi familia se encuentra en el décimo año de recuperación. La salud que ha acompañado estos años es asombrosa y muy evidente ya que habíamos vivido en un ambiente tóxico por más de diez años. Antes de mi recuperación, mi apego a mi esposo significaba vivir con el temor de que tomara decisiones que me hicieran sufrir las consecuencias. Ese apego había hecho que renunciara a tener control sobre mi vida. Estaba tan inmersa en la adicción de mi esposo que no tenía

Aprender a ser tú mismo; comienza en tu interior

tiempo para cuidar de mí misma. Invertí mucho tiempo juzgando y señalando en vez de buscar en mi interior la sanación que necesitaba. Ahora que el alcohol y las drogas ya no rigen nuestras vidas, tenemos el tiempo y la energía para buscar la cura en nosotros mismos. (Puede que muchas familias desempeñen los papeles que mencioné sin tener un problema de adicción a drogas o alcoholismo. Pero cuando no se tienen estas enfermedades, los roles no son tan marcados y, por lo tanto, no son tan evidentes).

En el programa de tratamiento aprendimos que los adictos a sustancias y sus familias necesitan reconocer las situaciones que pueden desencadenar la necesidad de buscar alivio en una sustancia. Si en algún momento sentimos: un deseo intenso de atención o ayuda, coraje con uno mismo o con los demás, soledad existencial o desesperanza, tenemos que tomar acción inmediata para satisfacer una o todas estas necesidades.

El Centro de Recuperación reconocía la necesidad de apoyar y alentar a los amigos y familiares. En algunos centros de tratamiento no se incluye a los amigos y familiares en el programa. La falta de educación a la familia puede atribuirse a los conceptos erróneos sobre la enfermedad en nuestra cultura. Muchos todavía creen que el problema de abuso de sustancias es cuestión de voluntad. Si la voluntad fuera la respuesta esta nación no tendría más de 11 millones de personas batallando contra la enfermedad. La falta de fondos también puede explicar por qué los centros no incluyen a los familiares en el tratamiento. La terapia es costosa. Pero si podemos prevenir una disfunción futura, a la larga la sociedad tendrá que gastar mucho menos. Si no estamos convencidos de que el abuso de sustancias es un problema social sólo tenemos que ver las series policiales en televisión. Todas las personas arrestadas que recuerdo en estos programas estaban bajo la influencia de alguna sustancia. Los

Las familias y el abuso de sustancias

expertos sobre el abuso de sustancias aún continúan trabajando para hallar la manera más eficaz de tratar esta enfermedad. Durante el tiempo destinado a amigos y familiares, el Centro de Recuperación proveía información y educación simultáneamente. Como mencioné anteriormente, se alentaba a los familiares a asistir a las terapias familiares cada jueves, viernes, sábado y domingo mientras duraba el programa de 21 días. Nuestro tratamiento consistía en discusiones grupales en las que explicábamos cómo nos sentíamos. Los consejeros facilitaban las sesiones y estaban disponibles para ofrecer su ayuda en caso de que los amigos y familiares necesitaran explicaciones más a fondo. Se ofrecían clases conjuntas en las que mi familia y mi esposo aprendían más acerca de la enfermedad de la adicción a sustancias. Los domingos había invitados especiales que contaban cómo la adicción a sustancias había afectado sus vidas. Gracias a todas estas sesiones aprendimos que la adicción a sustancias es una enfermedad familiar. Un adicto a sustancias afecta a un promedio de cuatro personas. Así sucedió en mi familia.

Además de obtener ayuda de los Centros de Tratamiento, mis hijos y yo participamos en varios grupos de apoyo. Puedo seguir el programa de doce pasos de Al-Anon y mis hijos pueden asistir al programa para hijos de alcohólicos, COA, por sus siglas en inglés. Al Anon y COA son grupos donde amigos y familiares pueden recibir apoyo de personas que han pasado por experiencias similares.

Me di cuenta de que en los grupos de Al-Anon a los que asistí no se aceptan flojos. Los demás participantes no permitían que los miembros continuaran desempeñando el papel de víctima. Los veteranos de Al-Anon que sabían de lo que estaban hablando me dijeron que no continuara con mis conductas poco saludables. Desafortunadamente, estaba tan inmersa en mi

Aprender a ser tú mismo; comienza en tu interior

disfunción que no sabía qué era una conducta poco saludable. No fue suficiente con que me dijeran que dejara de comportarme como lo hacía. Esas conductas eran mi vida; eran lo único que sabía hacer. Lo cierto era que necesitaba un programa de recuperación que me ayudara a entender mi conducta. Si entendemos lo que nos sucede podemos buscar en nuestro interior para encontrar nuestras propias verdades, aprender quiénes somos y aceptar con confianza que somos exactamente quienes tenemos que ser. Son nuestras experiencias las que nos convierten en ese ser extraordinario que somos hoy. Con esta nueva confianza descubriremos que nuestras decisiones provienen del corazón y que no son cuestionadas por los que nos rodean. Atraeremos personas cuyo bienestar corresponda al nuestro. No se aceptan víctimas. Sánate y sigue adelante.

Capítulo 4

La enfermedad

"Un alcohólico luce bien por fuera, pero es un desastre total por dentro".

Joe Ehrler

He dicho más de una vez que el hecho de que bebiera no era lo que me molestaba de mi esposo, sino su conducta. Joe se odiaba tanto que subconsciente y conscientemente trataba de proyectar en las personas más allegadas a él algo del odio, la culpa y la vergüenza que sentía por sí mismo.

Utilizo el término adicto en este libro, porque considero que describe la condición de Joe. Él estaba indefenso ante el alcohol y las drogas. Muchos expertos ya no utilizan el término adicto. "Abuso" o "dependencia" de sustancias son términos que definen claramente una enfermedad que tiene diferentes efectos en sus víctimas. Una persona puede abusar de una sustancia y no ser adicto. Quien depende de una sustancia pasará por el síndrome de abstinencia o sentirá ansiedad por obtenerla porque depende de ella psicológica y fisiológicamente. Muchas personas beben socialmente. La mayoría de los expertos en el tratamiento de drogas y alcohol estaría de acuerdo en que la persona abusa de una sustancia si continúa utilizándola aun cuando esto le trae consecuencias sociales o legales negativas.

Otro concepto que no se entiende bien en el campo del abuso de sustancias son las lagunas mentales. Muchos lo confunden con perder el sentido. Cuando una persona tiene una laguna mental causada por una sustancia, ésta tiene uso de todas sus facultades pero dentro de un estado de intoxicación. Sin embargo, la persona no recuerda ni sus acciones ni los sucesos que acontecieron durante la laguna mental.

En el libro *The Addictive Personality*, Craig Nakken escribe que los adictos dependen de cosas externas en un esfuerzo por cambiar los altibajos naturales de la vida. El adicto comienza a depender de cosas externas para experimentar un cambio en su estado de ánimo. La adicción es una enfermedad progresiva. Cuando se trata de adicción al alcohol o a las drogas, el adicto establece un vínculo emocional con la sustancia y la utiliza para aplazar el tener que afrontar asuntos desagradables. La sustancia comienza a suplantar la necesidad de interacción humana. Ésta ocupa el primer lugar mientras que la interacción humana es la segunda opción. La relación del adicto con el objeto es destructiva y contraria al orden natural. Entre las relaciones naturales están las que uno tiene con amigos y familiares, con un Poder Superior espiritual, con uno mismo y con la comunidad. La relación con una sustancia es predecible en un principio, mientras que las relaciones con otros no son predecibles.

La enfermedad

En su libro *Adult Children, The Secrets of Dysfunctional Families* John y Linda Friel sugieren que en los agentes adictivos hay factores sociales/emocionales en común. En el caso de la adicción a las drogas o al alcohol el agente adictivo es la sustancia. Los factores sociales/emocionales son:
 1. Reducción temporal de ansiedad.
 2. Reducción temporal de estrés.
 3. Sensaciones temporales de poder y bienestar.
 4. Necesidad de huir de los sentimientos verdaderos.
 5. Necesidad de huir de problemas cruciales y de tareas propias del desarrollo humano.
 6. Necesidad de huir de la intimidad.

Mientras asistíamos al Centro de Recuperación nos dijeron que un alcohólico suprime un año de crecimiento emocional por cada año que bebe. Ahoga los asuntos emocionales en el estupor causado por el alcohol o la droga en vez de manejarlos según surgen. Joe aún está recuperando el tiempo que perdió durante los veintisiete años que bebió. Como dicen en AA, el alcoholismo es una enfermedad incurable, progresiva y fatal. Sé que la adicción es una enfermedad. Presencié a Joe profundamente arrepentido y dominado por el odio a sí mismo, haciendo promesas de nunca volver a probar una gota de alcohol para horas más tarde caer en las garras de la dependencia.

Joe y yo pensábamos que sólo la muerte podría hacer que dejara de beber. Yo pensaba que a mí me iba a tocar ser testigo de esto. Doy gracias porque ambos nos dimos cuenta de que necesitábamos ayuda. Hemos llegado a comprender que el adicto en nuestras vidas vive bajo un conjunto de reglas diferente. Craig Nakken dice lo siguiente sobre el ciclo adictivo:

Aprender a ser tú mismo; comienza en tu interior

> *Cualquier relación de adicción comienza cuando una persona busca continuamente la ilusión de alivio para huir de sentimientos o situaciones desagradables. Esto implica escapar para sentirse bien. Es una forma poco natural de satisfacer nuestras necesidades emocionales. En este punto, el adicto comienza a renunciar a las relaciones naturales y al alivio que ofrecen.*

Nakken también escribe lo siguiente sobre la personalidad adictiva:

> *Esta personalidad no existe antes de tener la enfermedad de la adicción ni representa una predisposición a ésta; por el contrario, emerge del proceso de adicción... Es importante que los adictos en proceso de recuperación entiendan el lado adictivo de su personalidad porque éste permanecerá con ellos durante toda su vida.*

De acuerdo con los hallazgos de Nakken, incluso después del tratamiento, nuestro adicto continuará viviendo con una personalidad alterada. Al entender mejor la situación podemos tomar la decisión saludable de aceptar a, y de desapegarnos de nuestro adicto. Probablemente no nos guste la práctica autodestructiva de nuestro alcohólico, pero no podemos hacer nada para cambiarlo. El alcohólico es el único que puede decidir recuperarse. La fisiología puede tener un impacto en la capacidad del adicto para tomar esa decisión.

Muchos expertos creen que la enfermedad se hereda. Mi suegro era alcohólico. Yo no lo conocí porque murió el día de Navidad en 1979 debido a las lesiones que había sufrido unos

La enfermedad

días antes al caerse borracho por las escaleras. Según mi esposo, su abuelo también era alcohólico. Una publicación del National Clearinghouse for Alcohol and Drug Information informó que en 1991 se calculó que había unos 28.6 millones de hijos de alcohólicos en los Estados Unidos. Esta cifra elevada puede sonar aterradora para los seres queridos de las personas adictas a sustancias. Pero la buena noticia es que se está conociendo más sobre la genética y la enfermedad del alcoholismo. Es en esta área en la que la educación preventiva sobre el alcoholismo puede afectar sustancialmente los resultados. No creo que toda persona que bebe tiene un problema con la bebida. Las personas en recuperación se refieren a los bebedores sociales como "los normales". Aunque yo podría ser considerada como parte de "los normales", casi nunca bebo y cuando lo hago es en cantidades pequeñas. Beber fue un problema que causó mucho dolor en mi familia. No quiero recrear esa infelicidad.

Me tomó muchos años comprender que no podía forzar a mi adicto a escoger la recuperación. En el proceso yo también aprendí que no hay una lista de cosas que se deben y que no se deben hacer al interactuar con el adicto en nuestra vida. En los siguientes párrafos explicaré lo siguiente: que podemos practicar el no emitir juicio; que podemos entender que las creencias de los demás pueden influir en la decisión del adicto de recuperarse; que podemos aprender a aceptar las lecciones, tanto las nuestras como las suyas; y que podemos ofrecer nuestro apoyo. Sé que no emitir juicio suena como algo que hacemos por nuestro adicto, pero lo cierto es que juzgar es devastador para nuestro bienestar interior. Cuando juzgamos a los demás, usualmente nos juzgamos a nosotros mismos. Aceptarse a sí mismo es una gran meta en la búsqueda de la recuperación y la curación interior.

Además, si juzgamos la conducta de nuestro adicto, en vez de cambiarlo, lo que lograremos es crearle sentimientos de culpa,

Aprender a ser tú mismo; comienza en tu interior

arrepentimiento y vergüenza. Así mismo, no debemos juzgarnos por no ser capaces de identificar conductas poco saludables. Muchas personas creen que un adicto es una persona fuera de control que vive en las calles mendigando, caminando con una botella en una bolsa de papel y durmiendo en un banco del parque. Esta creencia puede enajenar al adicto que parece tenerlo todo bajo control, pero aún así necesita ayuda.

La relación principal del adicto es con un objeto. Esto significa que los amigos y familiares tratan de entender a alguien que ha colocado la sustancia en primer lugar y el calor y cuidado que ofrecen las personas en segundo lugar.

No podemos privar a nuestros seres queridos de sus lecciones de vida, no importa cuánto queramos hacerlo. Si nos involucramos y los rescatamos tendrán que aprender esa lección esencial de una manera u otra y puede que la próxima vez se les haga más difícil. Creemos y confiamos en que nuestro Poder Superior sabe qué nos conviene. De la misma manera, podemos confiar en que el Poder Superior de nuestro ser querido lo está ayudando a vivir la vida que tiene que vivir, aunque ésta no sea como nosotros creemos que debe ser.

Puede que nuestras lecciones sean difíciles. Si nos encontramos en una situación que consideramos demasiado difícil de manejar, podemos permanecer en silencio y preguntarle a nuestro Poder Superior cuál es la lección que tenemos que aprender. Podemos abrir nuestros corazones y escuchar la respuesta, pedir fortaleza y confiar en que contamos con apoyo. Siempre hay ayuda profesional si la necesitamos.

¿Qué podemos hacer para ayudar a los que nos rodean si no podemos controlarlos? Podemos brindarles nuestro apoyo.

Asistí a un seminario auspiciado por la compañía para la que trabajaba. Era un curso de superación de retos, un término utilizado para describir actividades físicas como escalar postes

La enfermedad

y caminar en una cuerda floja. Para llevar a cabo el curso nos separamos en varios grupos. Cada grupo trabajaba en equipo. Cuando uno de los miembros del equipo realizaba una prueba de destreza, la tarea de los demás era darle apoyo. Se convertían prácticamente en un grupo de porristas que le daban apoyo a cada miembro. Yo era mejor dando apoyo que escalando postes.

El primer día llevamos a cabo actividades físicas. La atmósfera fue tan casual y el apoyo tan evidente que uno de los miembros de mi equipo felicitó con una palmada en el hombro al director de Recursos Humanos. La atmósfera se caracterizaba por no emitir juicios, todo se permite y todos estamos en el mismo bote.

El segundo día lo pasamos en el salón de clases bailando, dándonos abrazos y brindándonos apoyo. Se separó una hora para que reflexionáramos individualmente sobre nuestros deseos para el futuro. Nos dejaron salir a pasear entre la quietud y la belleza de la naturaleza y se nos aconsejó que evitáramos tener contacto con otras personas mientras reflexionábamos. Cuando terminó la hora me di cuenta de que si una organización me brindara el apoyo y el estímulo que había recibido en el seminario, querría permanecer en ella.

Cuando compartí mi descubrimiento con mis compañeros de curso comencé a sollozar sin control. El apoyo continuó cuando la primera fila completa de las personas que estaban sentadas escuchándome se levantó para apoyar mi emotivo planteamiento. El corazón se me inunda de emoción cada vez que lo recuerdo.

Volvimos a la oficina y todo volvió a ser como antes de que fuéramos al seminario.

¿Por qué todo el mundo volvió a encasillarse en el mismo patrón, cuando precisamente en el seminario se nos había estimulado a desistir de hacerlo? La estructura de la compañía

Aprender a ser tú mismo; comienza en tu interior

no había cambiado; todavía tenía una estructura piramidal. Algo en su esencia debía cambiar, la estructura piramidal simplemente no fomentaba la filosofía de trabajo en equipo.

Así mismo, puede ser que para desempeñar la función de quien brinda apoyo, cada uno de nosotros tenga que cambiar su estructura medular. Podemos lograr esto abriéndonos a nuevos procesos de pensamiento que estén fuera de la "casilla" en la que nos encontramos y que nos es familiar. Puede que nos demos cuenta de que nuestra estructura no fomenta el apoyo y la aceptación necesarios. No obstante, si no hemos encontrado la paz que cada uno de nosotros sí puede alcanzar, es necesario que cambiemos.

Entender nuestra conducta y la de los que nos rodean puede ayudarnos a encontrar la recuperación y la curación. Mi Poder Supremo es quien ha hecho posible mi entendimiento, mi curación y mi recuperación. Este libro y todo lo que hay en tu vida te llega exactamente cuando lo necesitas, gracias a tu Poder Supremo. Le he pedido a mi Creador que ayude a este libro a encontrarte. Tú también puedes pedir y recibir. Veamos ahora verdades positivas que pueden cambiar tu vida.

Capítulo 5

Espíritu ilimitado, amoroso y compasivo

Los aspectos espirituales que se necesitan para la recuperación y la curación siempre estuvieron disponibles para mi esposo y para mí. Pero nos tomó muchos años darnos cuenta de todo el potencial espiritual que teníamos a nuestra disposición.

Cada vez que pasamos por algo que nos causa pena, nuestro Creador está a nuestra disposición para consolarnos. Nuestro Creador está ahí para acompañarnos en nuestro camino hacia la curación interior. En el Programa de los doce pasos de Alcohólicos Anónimos el tercer paso es uno de los más

Aprender a ser tú mismo; comienza en tu interior

poderosos. En este paso se alienta al participante a definir su Poder Supremo según prefiera, ya sea Dios, el Universo, Todo lo que Es, el Espíritu Omnipresente o ninguno de los anteriores. El adicto a sustancias que está en proceso de recuperación aprende que identificarse con un Poder Supremo es un paso eficaz para lograr que su recuperación sea exitosa. Usualmente cuando el adicto a sustancias encuentra a AA ya él o ella ha tratado de dejar de beber usando su voluntad y ha fracasado muchas veces. El primer paso del Programa de los doce pasos de AA le pide al alcohólico que admita que él o ella está indefenso o indefensa ante el alcohol. En este momento el alcohólico puede escoger encontrar un Poder Supremo y confiar en él o volver a la vida sin control que estaba viviendo. La elección es fácil para el alcohólico o el adicto a las drogas que quiere recuperarse.

Mi esposo Joe se dio cuenta de que su Poder Supremo estaba a su disposición cuando pidió ayuda para vencer su adicción a sustancias. Él afirma que su Creador fue quien hizo posible que se recuperara de la enfermedad del alcoholismo y la adicción a las drogas. Cuando todo lo demás falló, se rindió ante su Creador. Ahora sabe que todos los días su Creador le brinda apoyo y comprensión. Él cree que juntos pueden sobrellevar cada día, un día a la vez.

Del mismo modo que el alcohólico busca apoyo en su definición de un Poder Supremo, nosotros podemos procurar ese mismo apoyo usando nuestra propia definición de Poder Supremo. Cuando todos nuestros intentos por encontrar paz han fracasado, tenemos una opción adicional. Esta opción es recurrir a nuestro Poder Supremo, el cual puede ser definido de la forma más sencilla. Puede que algunos de nosotros tengamos una percepción desfavorable de lo que es un Poder Supremo, debido a algunos de los términos que se han utilizado para definirlo.

Espíritu ilimitado, amoroso y compasivo

Esto fue lo que me ocurrió. Yo asociaba el término Dios con la imagen de un Creador juzgador y deseoso de castigar a los pecadores. Esta imagen mental ya no era mi verdad y por eso necesitaba encontrar un término que pudiera asociar con imágenes de amor y compasión, pues éstas son las características que encontré en mi Creador. En ocasiones nuestra definición de un término es aquella que crecimos creyendo cierta, pero la realidad es que no la fundamentamos en nuestra comprensión, sino en la de los demás.

Nuestra experiencia espiritual se da entre nuestro Poder Supremo y nosotros mismos. Una vez entendemos esta relación y sabemos que tenemos la capacidad de forjar una relación íntima con nuestro Poder Supremo, descubrimos que tenemos a nuestra disposición mucho más de lo que podíamos haber imaginado.

Podemos tener esta relación con nuestro Poder Supremo en la intimidad del hogar, en el automóvil o incluso en nuestro lugar de trabajo. Para obtenerla, todo lo que tenemos que hacer es creer y el amor que recibimos sobrepasa por mucho al esfuerzo que invertimos.

Una vez comencé a contar con mi Poder Supremo me di cuenta de que esto traía consigo mucho más de lo que jamás había imaginado. Descubrí que mi Poder Supremo no sólo estaba a mi disposición para ayudarme a recuperar y a sanar sino que era un recurso ilimitado, amoroso y compasivo. Al descubrir esto también me di cuenta de que mi Poder Supremo siempre había estado a mi disposición y era yo quien no recibía lo que me ofrecía. Mi Creador me enseñó que el juzgar no existe. Si los humanos podemos amar a nuestros hijos incondicionalmente, entonces debemos saber que nuestro Creador tiene por lo menos esa capacidad de amar y mucho más. Como puedes imaginar, quise compartir con todos lo que aprendí sobre mi Poder

Supremo y mis puntos de vista espirituales. Haré precisamente eso en este Capítulo y en lo que resta de este libro.

Cuando hablo de lo espiritual no estoy haciendo referencia a la religión, aunque muchas personas piensen que ambas cosas son lo mismo. La religión es una creencia organizada de un grupo de personas, mientras que lo espiritual es una experiencia individual con nuestro Poder Supremo.

Puede que un científico no esté de acuerdo conmigo cuando digo que hay muchas verdades en este mundo que se basan en experiencias espirituales. La ciencia mide los resultados partiendo de lo que olemos, tocamos, oímos, probamos o vemos. Todos hemos tenido experiencias que no incluyen los cinco sentidos y que no podemos explicar científicamente, pero que en nuestro corazón sabemos que son ciertas. Si basáramos todo lo que conocemos en nuestros cinco sentidos tendríamos que decir que la Tierra es plana e inmóvil y que el Sol da vueltas a su alrededor porque así es cómo lo percibimos y lo vemos.

La creencia de que hay vida después de la muerte no ha sido probada científicamente, sin embargo muchos de nosotros la hemos adoptado. Si podemos creer en la vida después de la muerte y en un Poder Supremo podemos ir un paso más allá en el camino hacia la paz, la alegría y la felicidad, el cual no se basa en estímulos externos sino en la sabiduría interior.

Como lo espiritual no puede medirse, he tenido que confiar en mi sabiduría interior y en el consejo de mi Poder Supremo. He escrito este libro desde mi corazón basándome en esa confianza. Mi Poder Supremo siempre me ha guiado hacia mi mayor bien y lo mismo hace por ti. Por muchos años, yo no confiaba ni aceptaba el apoyo amoroso que me ofrecía mi Poder Supremo. Estaba equivocada cuando pensaba que la única manera de alcanzarlo era por medio de la religión. De todos modos el contacto que establecía con mi Poder Supremo no se

Espíritu ilimitado, amoroso y compasivo

daba en el plano personal. Creía que podía hablar con mi Poder Supremo a través de la oración, pero las oraciones que había aprendido eran ensayadas y genéricas. No creía que mi Creado estaba a mi disposición en un plano más personal. De hecho, creía que sólo los altos jerarcas de la iglesia podían lograr que el Poder Supremo contestara las oraciones. El Todo Poderoso con el que crecí juzgaba; los pecadores eran castigados.

El Poder Supremo que conocí mientras crecía era demasiado importante como para ocuparse de la persona promedio y definitivamente inalcanzable para los pecadores, y yo era uno de ellos. Estas creencias estaban grabadas en mí. Durante muchos años mis propias creencias me impedían experimentar el apoyo amoroso de mi Poder Supremo, que está disponible para todos nosotros. Mis creencias estaban tan ocultas que me ha tomado años localizarlas para poder sustituirlas por otras que se acerquen más a mi verdad. Mis nuevas creencias incluyen un Poder Supremo que todo lo puede, todo lo sabe y que es lo suficientemente pequeño como para cuidar, guiar y amar a cada uno de nosotros individualmente. Ahora mi Poder Supremo tiene la capacidad de darme apoyo en cualquier momento por medio del amor y el cuidado ilimitados. Puedo visualizarme rodeada de la energía amorosa de mi Creador. Puedo sentir su amor y su aceptación.

Se puede ver cómo mis creencias daban lugar a limitaciones auto impuestas cuando se trataba de tener acceso a mi Creador. No fue hasta más tarde en la vida que aprendí que mi Poder Supremo apoya totalmente mis necesidades y deseos y está más que dispuesto a ayudarme a encontrar paz interior. Para experimentar este sistema de apoyo amoroso en cualquier momento y en cualquier lugar, necesitaba reexaminar las creencias que estaban obstaculizando las millones de posibilidades y probabilidades disponibles a través de mi Poder

Aprender a ser tú mismo; comienza en tu interior

Supremo. Necesitaba reemplazar esas creencias limitativas con la verdad de que no estoy sola y que nunca lo he estado. Por muchos años creí que ni valía, ni merecía amor, ni era digna de nada. Estaba segura de que era una pecadora. ¿Quién quiere tomar en cuenta a una pecadora? Nadie, y en especial mi Creador. De hecho, pensaba que lo que debía hacer era esconderme de mi Creador, pues podía ser aplastada en cualquier momento. Sabía que mi Poder Supremo no estaba contento conmigo porque nunca respondía a mis oraciones.

¿Suena familiar? Puede que muchos de nosotros recordemos ocasiones en las que rogamos por algo y no obtuvimos lo que queríamos. Puede que estuviéramos pidiendo algo equivocado, como hice yo al pedirle a mi Creador que cambiara mis circunstancias externas. No sólo estaba pidiendo una respuesta de la manera incorrecta, sino que también estaba impidiendo que mi Creador contestara mis oraciones, pues continuaba teniendo creencias limitativas poderosas (que ni valía, ni merecía amor, ni era digna de nada). Debemos:

1. Transmutar las creencias limitativas.

2. Entender y creer que cada uno de nosotros tiene acceso ilimitado a un Universo generoso.

3. Entender que aprendemos pasando experiencias desagradables.

Cuando logremos esto, la ruta hacia nuestro Poder Supremo estará despejada y sin obstáculos. Aprendí que nuestro Creador está a nuestra disposición y deseoso de contestar nuestras oraciones.

Luego de haber escuchado bastante sobre el pensamiento positivo y sobre las respuestas a nuestras oraciones, un amigo me recordó que nuestros cuerpos físicos tienen limitaciones. Me contó que cuando niño quería volar. Creía firmemente que sería

Espíritu ilimitado, amoroso y compasivo

capaz de volar y rogaba por poder hacerlo. Pero no importa con cuanta fuerza moviera los brazos no lograba despegar del suelo. Yo acababa de leer los tres libros de Robert Monroe sobre las experiencias extra-corporales (OBE, por sus siglas en inglés). Según Monroe, uno puede volar, pero si se utilizan las técnicas de OBE para hacerlo, hay que dejar el cuerpo atrás. Además, muchos de nosotros hemos volado en sueños (otro tipo de experiencia similar) y no olvidemos los aviones.

Cuando le hablé a mi amigo sobre la posibilidad de tener una experiencia extra-corporal no fue muy receptivo a la idea. Es posible que yo haya sembrado una semilla que lo ayude a aceptar el momento en que reciba la respuesta a sus oraciones y se encuentre mirando su cuerpo desde el techo. El concepto de las experiencias extra-corporales es difícil de aceptar y no viene al caso si creemos en él o no. Creo que mi amigo recibió una respuesta a sus oraciones si ha tenido la oportunidad de volar en un avión. Lo que sucede es que su respuesta no vino ni de la forma ni en el momento en que la esperaba.

(Hay muchas historias sobre santos y líderes espirituales que han sido capaces de levitar y hasta de volar físicamente. Sé que no tenemos limitaciones, pero la respuesta está en nuestro interior, no fuera de nosotros.)

Tuve otra amiga que compartió conmigo una experiencia dolorosa relacionada con el abuso sexual que sufrió cuando niña. Ella aprendió a dejar su mente vagar mientras sucedía. Creer en Dios no era parte de su vida porque consideraba que había elevado sus oraciones, pero no habían recibido respuesta. Le dije que sus oraciones sí habían recibido respuesta. Tenía la capacidad de abandonar su cuerpo durante la experiencia desagradable. Una vez creció, el abuso terminó. Ciertamente no estoy justificando la conducta, pero no podemos cambiar nuestras experiencias pasadas. Le recomiendo a quien haya

Aprender a ser tú mismo; comienza en tu interior

pasado por este tipo de abuso que busque terapia profesional. Además de recibir terapia, podemos decidir cambiar la forma en que percibimos nuestras experiencias. Podemos escoger estar traumatizados y dejar a un lado a Dios o podemos ver cuál fue la experiencia de crecimiento y entender que hay un plan maestro. Con ayuda profesional y un cambio de percepción podemos ir más allá y ofrecer nuestro apoyo a otros, precisamente porque sabemos lo que se siente pasar por una experiencia similar.

Nuestro Poder Supremo nos ayudará a hacer los cambios permanentes que tienen que surgir de nuestro interior. Podemos descubrir la salud interior si logramos:

1. Tomar conciencia de nuestro bienestar o disfunción interior
- **Asumir nuestra responsabilidad**
- **Sin culpar y sin juzgar**

2. Cambiar nuestra percepción
- **Entender el plan universal**
- **Aceptar y celebrar las experiencias de vida**
- **Dar gracias al Poder Supremo por su bondad al regalarnos la vida**

3. Descubrir el amor a uno mismo
- **Hacer afirmaciones**
- **Descubrir las creencias limitativas**
- **Cambiar las creencias que ya no nos sirven**

En la tabla de la página que sigue, y a lo largo de los próximos tres capítulos, compartiré contigo el proceso que descubrí y que me llevó a la paz, a la alegría y a la felicidad que vivo hoy.

Espíritu ilimitado, amoroso y compasivo

Recuperación y cura; comienza en tu interior

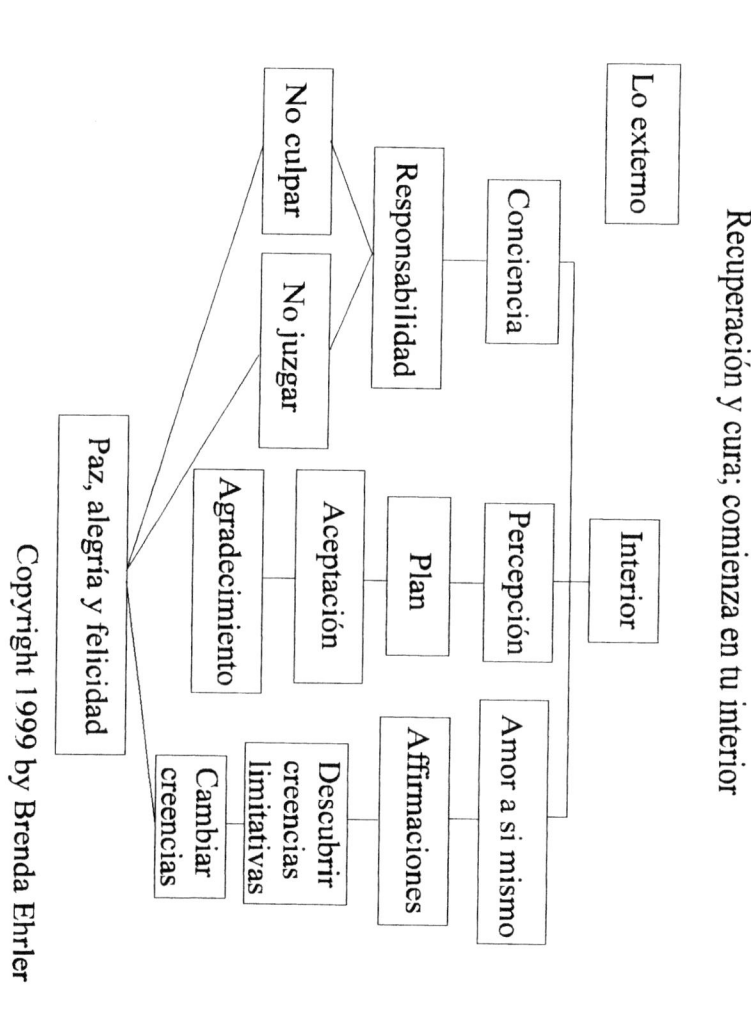

- Lo externo
- Interior
  - Conciencia
  - Responsabilidad
    - No culpar
    - No juzgar
  - Percepción
    - Plan
      - Aceptación
      - Agradecimiento
  - Amor a si mismo
    - Affirmaciones
      - Descubrir creencias limitativas
      - Cambiar creencias

Paz, alegría y felicidad

Copyright 1999 by Brenda Ehrler

Capítulo 6

Tomar conciencia y asumir responsabilidad

El Diccionario de la lengua española de la Real Academia Española define disfunción como 1. Desarreglo en el funcionamiento de algo, o en la función que le corresponde. 2. Alteración cuantitativa o cualitativa de una función orgánica.

Yo me resistía al término disfuncional porque cuando escuchaba esta palabra, la asociaba con culpar, juzgar y comparar a un ser humano con otro. A medida que leas este libro te darás cuenta de que estoy en contra de culpar, juzgar y comparar. Sospechaba que tenía que usar la palabra disfunción, pero me parecía que había una contradicción. En los siguientes párrafos trataré de justificar el uso de la palabra en este libro y cambiar nuestra percepción de la misma.

Analicemos la palabra no como una comparación entre la conducta de una persona con la de otra, sino en términos de cómo la conducta de una parte afecta el todo. Consideremos los siguientes puntos:

La parte disfuncional del cuerpo.

Si el hígado no funciona, la salud de nuestro cuerpo se afectará. Podríamos morir. No culpamos, juzgamos ni comparamos al hígado. Lo único que queremos es que vuelva a funcionar debidamente.

La parte disfuncional en relación con nuestra familia en conjunto.

La salud emocional y el bienestar de nuestra familia inmediata son importantes. Se necesita la estabilidad y el apoyo que brinda la familia, para que cada uno de sus miembros pueda transmitir confianza y seguridad al mundo exterior en el trabajo, en la escuela o mientras se divierte. Si uno de los miembros de la familia funciona de manera que resulta en detrimento de la salud del núcleo familiar, querríamos encontrar la forma de lograr que el núcleo familiar recobrara la salud. No utilizaríamos culpas, juicios o comparaciones para reparar el núcleo familiar. Estas tácticas lo único que conseguirían sería aumentar la disfunción a través del aislamiento y la separación. Por el contrario, escogeríamos el apoyo y la comprensión.

Utilizo el término disfuncional en un intento por aclarar y entender algo que precisa atención sin utilizar la culpa, el juicio o la comparación. Según John y Linda Friel en su libro *Adult Children, The Secrets of Dysfunctional Families*, del 90 al 95 por ciento de la población tiene algún tipo de disfunción.

Tomar conciencia y asumir responsabilidad

Estamos hablando de una gran cantidad de disfunción. Si continuáramos manejando la disfunción culpando, juzgando y comparando, viviríamos muchos años sin entender de qué se trata realmente. Un ejemplo sería culpar a mi esposo y responsabilizarlo por mi alegría durante nueve años. Le pedí a Dios más de una vez que ayudara a mi esposo a mantenerse sobrio para que yo pudiera ser feliz. Pensaba que él era el culpable de que hubiera tristeza en mi vida. Agraciadamente, mi Poder Supremo me puso frente a un espejo y me dijo que me mirara bien. Fue revelador darme cuenta de que yo no era quien para juzgar. Este fue el primer paso para entender que tenía que concentrarme en reconocer mi disfunción (sin culpar, juzgar o comparar) antes de que pudiera comenzar a sentir alegría en mi vida.

A medida que reconocemos nuestra disfunción tenemos que recordar no juzgarnos, ya que esto no conduce a la recuperación. Por el contrario, cuando nos culpamos o culpamos a nuestros padres, a nuestros hermanos o hasta al niño abusador en la escuela, estamos tan ocupados señalando a otros que dejamos de trabajar en nuestra curación y recuperación interior.

Si tratáramos de encontrar el culpable de la disfunción tendríamos que remontarnos al principio de los tiempos. Actuamos de acuerdo con nuestras experiencias y nuestras creencias. Lo mismo hicieron nuestros padres, los padres de nuestros padres y así sucesivamente. La acumulación de todas nuestras acciones es lo que nos hace quienes somos hoy. Si no estamos conformes con nosotros mismos, culpar y juzgar nuestro pasado sólo nos creará más disgustos. Entender mejor mi disfunción me ayudó en el proceso de curación.

Los Friels, a través de su libro *Adult Children, The Secrets of Dysfunctional Families*, me ayudaron a definir lo que había causado parte de mi disfunción. En él escriben:

Aprender a ser tú mismo; comienza en tu interior

> *De la misma forma que cualquier sistema tiene diversas funciones, la familia desempeña varias funciones. Muchas de éstas corresponden a las necesidades de los miembros de la familia. Por ejemplo, hay funciones de mantenimiento que se encargan de satisfacer las necesidades básicas como alimento, ropa y abrigo. Cuando la calefacción se daña, alguien la arregla. Cuando la ropa nos queda pequeña, alguien compra ropa nueva. Cuando tenemos hambre, alguien nos alimenta.*

De acuerdo con la definición de necesidades básicas de los Friel, yo recibí alimento, ropa, abrigo, seguridad y calor. Mi familia cubrió mis necesidades básicas pero no recibí el cariño y el calor humano adecuados. Mi madre tenía 39 años cuando nací. Según recuerdo, sufrió de depresión durante la mayor parte de su vida adulta. No tenía suficiente energía para cuidar de sí misma, y menos para ocuparse de una familia que incluía a una recién nacida.

En nuestra familia, no demostrar afecto era una conducta usual. Los Friel calificarían este tipo de conducta como disfuncional. Recuerdo que cuando niña miraba con curiosidad a mi mejor amiga y a su padre. Siempre se saludaban y se despedían con un beso. Mi amiga podía demostrar afecto con facilidad y lo hacía con mi padre. Era como si ella lograra que él demostrara lo mejor de sí mismo. Cada vez que mi padre la veía, sonreía y aceptaba sus demostraciones de afecto. La llamaba por un apodo especial, extendía sus brazos y abrazaba el frágil cuerpo de mi amiga contra el suyo. Después de ver todas estas demostraciones de afecto, sorprendí a mi padre con un beso, pero no me gustó lo que sentí. Fue un beso frío e insensible

Tomar conciencia y asumir responsabilidad

(como besar un muro de piedra). Ahora entiendo que la falta de afecto no significaba que no nos quisiéramos. Ninguno de los dos sabía cómo sentirse cómodo demostrando afecto físico a los miembros de la familia. A tan temprana edad, no me molestaba que mi amiga fuera la que recibiera los abrazos. Me alegraba que mi padre le demostrara más afecto. Como crecí sin afecto, deduje que él lo hacía porque la quería tanto como yo. No fue hasta mucho después que sentí un poco de envidia de mi amiga por haber sido lo suficientemente valiente como para dar y recibir afecto. Mi amiga no era la única persona fuera de nuestra familia con quien mi padre era capaz de abrirse. Fuera de mi casa él era un hombre muy gregario. Se le hacía fácil demostrar afecto genuino a las personas que conocía, pero no a su propia familia.

Cuando murió, mi hermano y yo estábamos en el velorio, de pie, cerca del ataúd saludando a sus amigos y familiares. Un pariente lejano miró el cuerpo de mi padre y dijo que se veía bien, pero que le faltaba su sonrisa habitual. Mi hermano y yo nos miramos. Fui yo quien preguntó: "¿Qué sonrisa?". No culpo a mi padre. El sólo actuaba según lo que aprendió de sus padres. Esta historia me ayuda a entender por qué atraje a un alcohólico a mi vida. Un alcohólico me ofrecería el aislamiento con el que crecí. Llegué a sentirme cómoda con estas experiencias. La hermana de mi padre me contó que les habían enseñado que no halagaran a sus hijos por miedo a que tuvieran demasiada confianza en ellos mismos. Me imagino que cuando crecieron, a principios del siglo 20, estaban de moda los niños humildes y no los que tienen seguridad en ellos mismos.

Muchos de nosotros venimos de familias que no pueden demostrar amor y ésta puede ser una de las razones por las que continúa la conducta disfuncional. No escudriñé mi pasado para culpar a otros. Lo hice para entender mejor. Al tomar conciencia

Aprender a ser tú mismo; comienza en tu interior

podemos eliminar las conductas disfuncionales. Como ya mencioné, mi disfunción me llevó hasta un adicto al alcohol y a las drogas. Esto hizo que termináramos en un centro de tratamiento para abuso de sustancias. En el centro de tratamiento aprendimos sobre las conductas y los papeles que desempeñan los familiares del adicto a sustancias. Tomar conciencia puede ayudarnos a descubrir lo que necesitamos para recuperarnos. Podemos buscar ayuda adicional durante nuestra travesía asistiendo a un grupo de apoyo. Si no te sientes a gusto en un grupo, prueba otro. En Al-Anon encontrarás a alguien que ha pasado por experiencias similares a la tuya y con quien podrás compartir tus sentimientos. Ten presente que mirarse al espejo puede ser doloroso.

Mi recuperación progresiva dependía de que tomara conciencia de mi conducta. Al hacerlo comencé a darme cuenta de que mis acciones eran tan sólo reacciones ante los que me rodeaban. ¡Yo no sabía quién era! Como ya he mencionado, creía que si lograba cambiar las vidas de los que me rodeaban, encontraría mi propia felicidad. Antes de dejar de actuar de forma disfuncional tenía que aprender más sobre mí misma, no sobre la persona en la que me había convertido, la que se limitaba a reaccionar. Me daba miedo mirar a esa persona. He tenido que cavar hondo para descubrir sentimientos. Continuamente me doy cuenta de lo poco que me conozco. Hay muchas otras personas como yo, que no entienden qué hace que sus acciones sean tan disfuncionales.

Tomar conciencia nos ayudará en nuestra travesía hacia el amor a nosotros mismos. Una vez lo sintamos, nuestras reacciones cambiarán y se basaran en la confianza y la verdad en vez de en la emoción y el miedo. Al tomar conciencia podemos dejar al descubierto algunas de nuestras creencias limitativas para examinarlas y convertirlas en creencias positivas

Tomar conciencia y asumir responsabilidad

(discutiremos el tema del amor a nosotros mismos y las creencias en el Capítulo 8). Cuando hacemos cambios en nuestro interior, nuestra nueva actitud y los cambios en nuestras conductas producen cambios en las personas que nos rodean. En algunos casos, las personas se alejan de nosotros y en otros cambian su conducta. Al cambiar nuestro corazón, podemos cambiar nuestra situación no importa cuál sea.

En los siguientes párrafos compartiré lo que sé sobre algunas de las conductas disfuncionales de los amigos y familiares de los adictos a sustancias.

Dividí el término co-dependiente para entender mejor su posible significado. El prefijo "co" significa con o junto a. El Diccionario de la lengua española de la Real Academia Española define "depender" como "producirse o ser causado o condicionado por alguien o algo; estar o quedar al arbitrio de una voluntad". Si interpretamos esta definición literalmente, co-dependiente puede significar que la sustancia nos controla y controla al adicto al mismo tiempo. O que, junto al adicto, somos dependientes de los efectos de la sustancia, tal vez de la misma manera en la que nuestro adicto recurre a las drogas o al alcohol para controlar los altibajos típicos de la vida. Los amigos y familiares utilizan el abuso de sustancias del adicto para tratar de controlar los altibajos de su propia vida. El adicto a sustancias tiene control sobre la sustancia durante un tiempo, pero después ésta lo controla. El amigo o familiar siente como si estuviera en control, pero nunca tiene control sobre la conducta del adicto a sustancias.

(Prefiero los términos "amigos y familiares" o "seres queridos" en vez de co-dependientes. Pero hay ocasiones en este libro en las que usaré el término co-dependiente por no contar con uno mejor.)

Aprender a ser tú mismo; comienza en tu interior

Cuando las definiciones de los términos "co-dependiente" y "demasiado" no están claras, éstos pueden ser utilizados por los demás o por nosotros mismos para juzgar nuestra conducta. Juzgar trae como resultado culpa, vergüenza y arrepentimiento. Con culpa, vergüenza y arrepentimiento comienza una vez más el ciclo de disfunción.

Aun sin tener definiciones claras, hay conductas que la mayoría de nosotros reconoceríamos como co-dependientes: 1) asumir responsabilidades que no nos corresponden, 2) utilizar la manipulación para conseguir lo que deseamos, 3) tratar de controlar los sucesos externos de nuestra vida para así lograr paz interior, 4) unirse económica y emocionalmente a una persona, 5) hacer posible que una persona continúe comportándose de forma poco saludable sin recriminarla. Todas estas conductas son realizadas con la mejor de las intenciones. Y muchas veces las practicamos sencillamente porque no sabemos actuar de otra manera. Yo necesitaba tomar conciencia y asumir la responsabilidad de mis conductas poco saludables antes de poder continuar mi camino de curación y recuperación interior.

1. Asumir responsabilidades que no nos corresponden

Si desempeñamos el papel de proveedor de cuidado, puede que creamos que podemos justificar asumir responsabilidades que no nos corresponden. Es común en nuestra cultura que las madres tiendan a darse hasta agotar todos sus recursos. Los miembros de una familia dependiente se acostumbran a la madre que da y no espera nada a cambio. En nuestra cultura esta relación madre/familia es aceptada y muchas veces esperada. Puede que una madre mida su valía de acuerdo con los logros de su familia.

Cuando niña recibí el mensaje de que se supone que las mujeres cuiden a los demás. No recuerdo que alguien me enseñara cómo cuidar de mí misma. Imagino que recibía un beneficio, sin proponérmelo, cuando consumía la comida

Tomar conciencia y asumir responsabilidad

nutritiva que estaba aprendiendo a preparar para mi familia en la clase de economía doméstica de la escuela secundaria. En algunas culturas las mujeres aún dan de ellas mismas abnegadamente. Ante los ojos de los demás, ser una madre abnegada parece ser lo indicado. Pero lo que estas madres hacen es contraproducente para su familia. El poderoso mensaje que les comunican a los miembros de su familia es que uno no es importante. Por consiguiente, las madres abnegadas continúan el ciclo de baja auto- estima. Con su ejemplo les enseñan a sus familias que uno no tiene por qué ocuparse de uno mismo, pues su deber es sólo ocuparse de los demás. Un verdadero regalo de amor debe nacer del interior de cada cual. Yo estaba siguiendo esta práctica y asumiendo la responsabilidad que le correspondía a mi hijo de la siguiente manera:

Me sentía muy preocupada en una reunión reciente de padres y maestros. Mi hijo de 17 años no estaba asistiendo a sus clases y cuando asistía, su cuerpo era lo único que realmente estaba presente. Mientras hablaba con sus primeras dos maestras, mi mente estaba ocupada tratando de descifrar cómo iba a lograr que fuera a la escuela y que le gustara ir, (sí, claro). Comencé a quejarme con la tercera maestra. Le dije que lo había dejado en la escuela el lunes pasado. Lo vi salir al final del día y me acababa de enterar que sólo había ido a dos clases. Ella me recordó que no estaba dejando que él asumiera su responsabilidad. Entendí lo que trataba de decirme. Me había tomado por sorpresa una conducta co-dependiente.

Ella me dio un buen consejo y pocas maestras se hubieran tomado la molestia de dar ese tipo de recomendación. La maestra de mi hijo tenía razón. Él tenía que asumir la responsabilidad de levantarse por la mañana y tomar el autobús. Le cedí esa responsabilidad y no tardó en dejar de asistir a la escuela. Será su decisión volver a matricularse cuando esté listo. Puede que me preocupe que él se arrepienta algún día de su decisión, pero tiene que ser él quien sufra las consecuencias de sus decisiones.

2. Utilizar manipulación

Sin darme cuenta, he utilizado la manipulación durante toda mi vida. La decisión de dejar que mi esposo se quedara en casa cuidando a mi hijo no fue una mala decisión. Doy gracias porque uno de nosotros podía quedarse en casa. En aquel momento Joe era la mejor alternativa (él es mucho más casero que yo). Lo que no fue saludable fue la razón por la que tomé la decisión. Pensé que mantenerlo en casa sin poder ganar dinero evitaría que abusara de sustancias. Pero mi esposo era muy creativo y hallaba maneras de adquirir alcohol a crédito o hacer intercambios para conseguir marihuana. Mientras yo pagaba las cuentas altísimas de los bares y sufría más; él sufría menos.

Nuestra decisión no tradicional de invertir los roles también creaba más tensión porque a los demás se les hacía difícil aceptarla. Al parecer, yo pensaba que adquiría más control al utilizar la manipulación.

3. Utilizar el control

Tenemos un control total sobre nuestra vida y ninguno sobre los que nos rodean. Al tratar de controlar a los que nos rodean, renunciamos a la capacidad de controlar nuestra propia vida. Mientras más nos centramos en la vida de los demás, menos nos centramos en nosotros mismos.

Controlar todo lo que me rodeaba era tan natural en mí que no me daba cuenta del mucho control que necesitaba. En el trabajo sucedió uno de mis primeros adelantos verdaderos en cuanto a controlar se refiere. Cada vez que el departamento salía a almorzar, yo insistía en escoger el restaurante. En una ocasión, uno de los empleados quiso ser quien escogiera. Recuerdo que me pareció que estaba tratando de competir conmigo porque no

Tomar conciencia y asumir responsabilidad

parecía desistir de la idea. Finalmente cedí y lo dejé escoger. ¿Adivina qué pasó? El alivio que sentí fue una liberación. Comencé a preguntarme cómo no me había dado cuenta de la responsabilidad que acompañaba esa pequeña porción de control. Cuando asumía la responsabilidad de escoger el restaurante también me hacía responsable de que a todos les gustara el almuerzo. Esta experiencia puede sonar insignificante, pero gracias a este tipo de experiencia reveladora pude renunciar a tener que controlar y sentí alivio. ¡Un gran alivio!

(Controlar a los demás puede ser una práctica poco evidente. Muchas veces ni siquiera nos damos cuenta de lo que estamos haciendo.)

Nuestra cultura nos enseña a estar en control. Nuestros padres nos lo enseñan con la mejor de las intenciones y en nombre del amor. Hacen lo que les enseñaron a hacer, lo que sus padres hicieron con ellos. Lo hacen para hacernos el camino más fácil. No quieren que tengamos experiencias desagradables. Aprendemos esta conducta de nuestros padres y continuamos practicándola con nuestros hijos.

Pero nadie tiene control sobre la vida de los demás. Cada uno de nosotros tiene que aprender las lecciones que está destinado a aprender. Estamos en este mundo para aprender y crecer, y lo logramos gracias a las experiencias agradables y desagradables. Si en nuestro papel de padres tratamos de eliminar aquello que es desagradable de la vida de nuestros hijos, lo único que conseguiremos es aplazar lo inevitable. Cuando nuestro hijo se vuelva a enfrentar con la lección más tarde en la vida, tal vez no estaremos junto a él o ella para darle el apoyo que necesita. Puede que nuestro hijo no tenga la suficiente fortaleza emocional como para aprender la lección con facilidad, precisamente porque nosotros siempre hemos estado ahí para relevarlo de su responsabilidad.

Aprender a ser tú mismo; comienza en tu interior

Yo seguí el estándar de nuestra cultura al convertirme en madre. Cuando mi hija tenía alrededor de seis años, comencé a sentir que estaba perdiendo control sobre ella. Lo cierto era que ya lo había perdido. Mi hija había aprendido a asumir el control de una gran maestra, de mí. Ella estaba dictando las pautas y eso me hacía sentir insegura, así es que la llevé donde una consejera. Mi queja ante Penny, nuestra consejera, era que no podía lograr que mi hija hiciera nada de lo que yo quería. Penny nunca me dijo abiertamente que mi conducta era lo que había causado el problema. Ella era lo suficientemente inteligente como para saber que yo hubiera reaccionado a la defensiva.

Durante los tres meses siguientes, mi hija y yo nos reunimos con Penny en sesiones separadas. La sesión de Penny y mi hija se llevaba a cabo mientras iban a la tienda donde compraban helado y regresaban. Penny y yo nos encontrábamos en el centro de consejería donde ella me pedía que le describiera mis experiencias. Le dije que por las mañanas mi hija no quería vestirse ni desayunar. Cada mañana podía estar segura de que habría una lucha y por desgracia mi hija parecía salir victoriosa. Se sentaba con desgano frente al plato de avena como si tuviera todo el día para hacerlo. Mientras me vestía y me maquillaba escogía la ropa que se iba a poner. Rezaba en silencio porque ella aprobara mi selección y se vistiera sin poner resistencia. Sin poder evitarlo yo terminaba ayudándola a ponerse las medias y los zapatos minutos antes de salir por la puerta. Una vez llegábamos a casa de la niñera, del carro salía una niña calmada que no parecía importarle nada en el mundo. Yo, por otro lado, daba gracias porque la travesía de 15 minutos a mi trabajo me daría tiempo para relajarme antes de comenzar a trabajar. ¡Le pedí a Penny que hiciera algo para arreglar la actitud testaruda de mi hija, porque me estaba causando demasiado estrés!

Tomar conciencia y asumir responsabilidad

Penny me preguntó qué pasaría si dejaba que mi hija saliera de la casa en su pijama y sin desayunar. Le describí la vergüenza que sentiría al dejar a mi hija con la niñera sin que hubiera desayunado y con su pijama. ¿Qué iba a pensar la niñera? Penny me recordó que en realidad no importaba lo que pensara la niñera. Me explicó que gracias a la vergüenza y el hambre mi hija no tardaría en tomar ella misma la decisión de vestirse y comer.

Pero entonces yo tendría que renunciar a querer que mi hija luciera de cierta manera. Había pasado horas cosiendo trajecitos y escogiendo los accesorios que les hicieran juego. Le tenía lazos para el cabello y pasábamos muchas horas asegurándonos de que cada pelo estaba en su lugar. Una vez más, Penny me recordó que tenía que ser mi hija quien tomara las decisiones en cuanto a su apariencia. Me dijo que aunque fuera a la escuela con ropa que no combinara perfectamente, era ella quien tenía que tomar la decisión. Como puedes imaginar, una vez renuncié a tener que estar en control las cosas cambiaron bastante. Mi hija fue una vez donde su niñera en su pijama y sin desayunar. No le gustó irse sin desayunar y tampoco le gustó estar en su pijama en casa de la niñera.

Hoy le digo a mi hija que hubo ciertas conductas disfuncionales que influyeron en su crianza. Le recuerdo que ahora ella tiene que buscar toda la ayuda que necesite para sanar. Aquí no hay lugar para sentirse culpable ni para culpar a otros. No podemos cambiar el pasado, pero sí podemos cambiar lo que hacemos con nuestra experiencia. Después de leer esta historia, puedes ver lo fácil que es quitarle el poder de decisión a un hijo o a una hija con el pretexto de ser "buenos padres". Un niño vestido de forma inmaculada y bien peinado no necesariamente está recibiendo una crianza saludable. El perfeccionismo es una conducta disfuncional también.

Aprender a ser tú mismo; comienza en tu interior

Cuando se trata de nuestros seres queridos, tenemos que preguntarnos por qué elegimos comportarnos de cierta manera. ¿Usamos a nuestra familia para parecer mejores o para sentirnos mejor, como hacía yo con mi hija? ¿Nuestra percepción de lo que la sociedad espera de nosotros hace que temamos ser juzgados? Recuerda que controlamos nuestra percepción de las normas sociales y que tenemos el poder de cambiar esta percepción (en el Capítulo 7 habrá más información sobre cómo cambiar la percepción.)
Piensa en cómo nos sentimos cuando alguien trata de controlarnos diciéndonos lo que tenemos que hacer. Probablemente, nuestra primera reacción sea rebelarnos. Nuestros seres queridos actúan de forma similar. Son individuos, seres independientes con sus propias necesidades y deseos.

4. Apegos

Cuando una persona está apegada a otra, las decisiones que esa persona toma afectarán desfavorablemente su parte emocional o económica. Los padres pueden apegarse a sus hijos, las personas casadas pueden apegarse mutuamente. La consejera de familia del Centro de Recuperación nos explicó el concepto de los apegos dibujando en la pizarra varios círculos individuales que representaban a los miembros de la familia. Dibujó dos círculos entrelazados para demostrar una relación de apego poco saludable.

Yo tuve apegos sin darme cuenta, porque no entendía lo que significaba estar apegado a alguien. Las decisiones de mi adicto a sustancias me estaban afectando desfavorablemente, sin embargo no me daba cuenta de que era yo quien estaba practicando las conductas poco saludables. Creía que mi adicto a sustancias era quien tenía el problema y que lo único que yo hacía era tratar de ocuparme de las necesidades de mi familia.

Tomar conciencia y asumir responsabilidad

Nuestra cultura fomenta un tipo de apego entre los padres y sus hijos. En nuestra sociedad los padres son responsables por sus hijos y si son menores de edad tienen que responder por las faltas que cometen. Esto implica que el padre o la madre es la única influencia en la vida del niño y que en alguna medida contribuyó a que el niño cometiera una falta, por lo que merece hacerse responsable por ella. Desafortunadamente, los que establecen estas políticas han hecho que sean los padres y no los niños, los que sufran las consecuencias desfavorables.

He tenido dos hijos adolescentes y tiendo a no estar de acuerdo con este estándar social. Si trato de hacer que el adolescente haga lo que yo digo, lo único que logro es empeorar las cosas. Desapegarnos de nuestros adolescentes también despierta la desaprobación de los miembros más tradicionales de nuestra cultura. Pero sin este desapego nuestros adolescentes no sufrirán algunas de las consecuencias de sus actos, los que las sufriremos seremos nosotros.

Como mencioné anteriormente, nosotros, como padres, estamos obligados a dar a nuestros hijos seguridad, calor, cuidado y guía. Hay una diferencia entre guiarlos e imponerles nuestras creencias. Podemos comunicarles nuestras creencias y decirles cuáles son las reglas y sus consecuencias. También podemos ser consecuentes y poner en vigor las consecuencias anunciadas o podemos dejar que nuestro hijo experimente las consecuencias de aquello que está fuera de nuestro control. He encontrado cuatro prácticas importantes en la relación parental. No son prácticas dirigidas a criar el hijo perfecto. Su fin es fomentar una relación parental saludable:

- **Debo demostrar amor a mí misma.**

Tengo que tener una buena autoestima si quiero que mis hijos la tengan.

Aprender a ser tú mismo; comienza en tu interior

- Tengo que esforzarme por vivir de la forma en que quiero que mis hijos vivan.
- El ejemplo es el mejor maestro.
- Es necesario que ame a mis hijos de forma incondicional, independientemente de si siguen mis reglas o los estándares de la sociedad.
- Es necesario tener presente de las trampas de sentirse culpable o de culpar que mis hijos o yo pudiéramos tratar de usar.

Si admito que soy culpable, estoy quitándole la responsabilidad a mi hijo. Es importante que lo ayude a entender que yo sólo hice lo mejor que pude en cada momento. Si son lo suficientemente saludables como para definir un problema, ellos mismos tienen que buscar los medios para sanar.

Nuestra sociedad acepta más el apego hacia un hijo que el apego hacia un adulto. Apegarse a un adicto a sustancias usualmente es parte de la experiencia del co-dependiente o adicto a sustancias. Es lo que une a los dos participantes del juego. El adicto a sustancias necesitaba a alguien que se ocupara de sus necesidades y el amigo o familiar necesitaba a alguien a quien cuidar. Ocuparnos de las necesidades de otros nos hace sentirnos completos.

Yo me desprendí de mi apego poco a poco, sin darme cuenta.

Esto ocurrió porque necesitaba sobrevivir. Mi esposo y yo tuvimos un automóvil durante quince años de matrimonio. Yo lo manejaba por la mañana para ir al trabajo y él lo manejaba por la noche para ir a los bares. Por las mañanas, muchas veces encontraba el tanque de gasolina vacío cuando iba a salir para el trabajo, lo que significaba que por lo general era yo quien lo llenaba. Esto ocasionaba

Tomar conciencia y asumir responsabilidad

dos problemas: 1) no teníamos suficiente dinero para comprar gasolina para las idas a los bares y 2) muchos días llegaba tarde porque no contaba con tener que detenerme a comprar gasolina (debí haber resuelto eso después de varias paradas en la gasolinera.) ¡Una mañana hasta me quedé sin gasolina de camino a la estación! Luego de varios meses y varias paradas para comprar gasolina, busqué la forma de reducir los gastos. Encontré la solución poniéndome de acuerdo con un vecino para compartir la responsabilidad de manejar al trabajo. Todavía tenía el problema de la gasolina, pero sólo me tenía que preocupar por él dos semanas al mes. Desafortunadamente, este acuerdo creó un nuevo problema. Mi adicto a sustancias podía usar el automóvil los días en que yo iba y venía del trabajo con el vecino. Esos días mi esposo se suponía que me recogiera en casa de la persona que me había llevado al trabajo, pero muchas veces no se presentó. Yo tenía que caminar hasta mi casa alrededor de tres millas, en zapatos de tacón alto. Mi acuerdo con el vecino terminó cuando éste se mudó. Entonces comencé a tomar el autobús. Sin darme cuenta había dado un paso muy grande para llegar al desapego. Mi esposo tenía el automóvil todo el tiempo, pero tenía que hacerse responsable de la gasolina. Yo tenía transportación con la que podía contar para ir y volver del trabajo. Conocí personas maravillosas en el autobús y durante el trayecto me relacionaba con los demás, leía, oía casetes o dormía. Era algo liberador.

Una vez mi esposo entró tarde en la noche a nuestra habitación. Me despertó y me dijo que el automóvil se había incendiado y que probablemente estaba destruido. ¿Adivina qué? No me importó. El incidente no despertó ninguna emoción en mí. Sabía que la compañía aseguradora pagaría por los daños.

Aprender a ser tú mismo; comienza en tu interior

El automóvil estaba destruido. Ni siquiera compré otro hasta que decidimos mudarnos a Washington, tres meses después.

Podemos comenzar a identificar las áreas de apego analizando nuestras experiencias desagradables. ¿Nos afectan las acciones de otro? ¿Sufrimos las consecuencias de sus acciones? Una vez identificamos dónde están nuestros apegos, podemos eliminarlos poco a poco.

5. Hacer posible que una persona continúe con conductas poco saludables.

Es fácil ver cómo alguien puede convertirse en facilitador. Cuando tenemos un gran apego a un adicto a sustancias, necesitamos convertirnos en facilitadores para evitar que la familia entera se derrumbe. Una vez más, yo desempeñé el papel de facilitadora sin darme cuenta. De hecho, fui una de las mejores. Ser facilitador es algo poco evidente y mientras lo eres, parece que estás haciendo lo correcto, especialmente ante los ojos de los que nos rodean. Yo sólo estaba ocupándome de mi familia y haciendo que funcionara.

Nos convertimos en facilitadores cuando asumimos las responsabilidades del alcohólico de manera que nunca tenga que sufrir las repercusiones de sus actos. Todos sufrimos las consecuencias, (la familia inclusive), no el alcohólico.

Cinco años después de casarnos, luego de recurrir sin éxito al control, la manipulación, el resentimiento, la culpa y la autocompasión, mudé a mi familia a Sumas, Washington, a mil millas de donde estábamos. En ese momento no me dí cuenta de que la razón por la que me mudaba era porque creía que mis problemas quedarían resueltos si lograba alejar a mi adicto a sustancias del problema (sus amigos alcohólicos). Antes de marcharnos hizo un acto de solidaridad al romper su pipa de

Tomar conciencia y asumir responsabilidad

cerámica (un artefacto utilizado para fumar marihuana). ¿No te causa risa? Sabes exactamente lo que pasó una vez nos establecimos en el nuevo lugar. Mi adicto a sustancias hizo nuevos amigos que bebían y usaban drogas. Encontró una tienda que lo dejaba cargar la cerveza a una cuenta y de esa manera continuamos donde nos habíamos quedado, en un nuevo lugar. Esta vez, sin embargo, yo estaba a mil millas de mis amigos y de mi familia. Teníamos pocos amigos en la pequeña comunidad de Sumas, cuyas creencias religiosas eran profundas y tradicionales. Nosotros no vivíamos de acuerdo con sus enseñanzas religiosas y yo sentía que como respuesta a nuestra desobediencia nos mantenían a distancia.

Mi adicto a sustancias no tenía que hacerse responsable por sus actos porque, según yo pensaba, sus amigos tenían la culpa. Hasta llegué a rechazar al mejor amigo de mi esposo porque le compró alcohol como regalo de Navidad. Mi esposo pasó el día de Navidad inconsciente en el piso del sótano y, para mí, su amigo había sido el culpable. Ahora ambos podrán entender por qué él tenía que beber. Con una bruja rondándolo, ¿quién podía culparlo?

Además del término "co-dependiente" utilizado para definir una conducta disfuncional, hay un concepto que es más fácil de digerir, se trata del "demasiado". Uno acepta mejor que lo acusen de hacer "demasiado" porque estamos en una cultura que apoya a los que tratan de lograr más de lo esperado.

¿Tratamos de lograr más de lo esperado para evitar hacer introspección? ¿O lo hacemos para satisfacer una necesidad? ¿Son saludables nuestras necesidades? Si estamos ocupados todo el tiempo, nadie puede acusarnos de ser malas personas.

Analizar la razón detrás de por qué tratamos de lograr más de lo esperado nos puede ayudar a entender y a dejar ir aquellas

Aprender a ser tú mismo; comienza en tu interior

necesidades que puede que no sean saludables. ¿Se basa nuestra necesidad en lo externo? ¿Nos importa lo que otros piensan? ¿Los que nos rodean nos tienen que aceptar? ¿Nos importa lo que piensen nuestros vecinos? Si estamos logrando más de lo esperado para satisfacer una necesidad externa, tenemos que recordar que no podemos encontrar alegría duradera sin antes sentirnos bien con nosotros mismos. Una señal de que aún no estamos poniendo en primer lugar aceptarnos a nosotros mismos, es que nos importa demasiado lo que piensan los demás. Una vez comenzamos a sentirnos bien con nosotros mismos, no nos importa los que los demás piensan. Me gusta una frase que se dice en AA: "Lo que otros piensen de mí, no es asunto mío". Es bueno ver si estamos esforzándonos por encontrar alegría por vías externas.

Otras de las necesidades que satisfacemos al lograr más de lo esperado son: 1) sobrecargarnos de responsabilidades para poder quejarnos, 2) desempeñar el papel de víctima, 3) ofrecernos para hacer lo que nos permita controlar la situación y a los que nos rodean, 4) colocarnos en situaciones incómodas a manera de castigo. Para mí nada de esto es nuevo.

Me había acostumbrado tanto a la disfunción que me tomó varios años darme cuenta de que estaba evitando deshacerme de ella para recuperar la salud. Muchas de mis decisiones eran un intento de controlar a los que me rodeaban. Cuanto más tiempo me concentrara en controlar las circunstancias externas de mi vida, más tiempo podía evitar hacer introspección. Mis sentimientos me resultaban ajenos y yo estaba satisfecha con que siguieran siéndolo.

Me había acostumbrado a la disfunción que me rodeaba. Agradecía no tener mucho tiempo para mí. Pero descubrirme a mí misma es parte esencial de lo que me hace un ser humano. Si no nos amamos o no podemos amarnos, no podemos amar a

Tomar conciencia y asumir responsabilidad

otros. Nos alejaremos del amor que nos llegue, porque según nosotros, no merecemos ser amados. Si en algo te pareces a mí, se te hará difícil mirarte en el espejo y decir "te amo". Podemos ser facilitadores, apegarnos, controlar y manipular sin entender bien lo que estamos haciendo. Una persona puede practicar estas conductas poco saludables de forma poco evidente durante años sin tener manera de identificar la disfunción. En los años que transcurrieron antes de que me casara con Joe, visité a un consejero familiar semanalmente durante más de seis años. En ese momento era una madre soltera luchando por tener algo de salud mental. Cada semana mi consejero escuchaba los detalles sórdidos de mi vida que incluían una relación fracasada tras otra, con un alcohólico tras otro.

No recuerdo que el consejero identificara la disfunción que se ha llegado a relacionar con los amigos y familiares de personas adictas a sustancias. ¿O será que trató de decírmelo pero yo estaba tan sumida en mis conductas tóxicas que no lo entendí? El mejor tratamiento que pudo ofrecer fue sentarme allí para escucharme, luego irme a casa y regresar a la semana siguiente para comenzar de nuevo. No estoy menospreciando la experiencia, pero si esta conducta tóxica es tan obvia y fácil de detectar y de sanar, por qué él no la identificó y me ayudó a recuperarme. Una de las razones puede ser que la investigación sobre la enfermedad del abuso a sustancias está aún en sus etapas tempranas. Por esto la información acerca de los efectos de esta enfermedad sobre la familia están lejos de entenderse por completo.

Si él hubiera podido hacer el diagnóstico indicado, ¿podría haberme ayudado a cambiar mi conducta tóxica? Una vez más, no juzgo esta experiencia; fue parte la vida que creó a la persona que soy hoy.

Aprender a ser tú mismo; comienza en tu interior

Hemos identificado las conductas poco saludables que practiqué durante años. Cuando el consejero en el Centro de Recuperación me dijo que me alejara con mis hijos, de alguna manera mi corazón me decía que dejar a mi esposo no era la respuesta a mi problema. Si eres el esposo o la esposa de un adicto, tal vez el divorcio sea la respuesta que buscas. Sólo tú puedes tomar esa decisión. Una vez podemos sentir amor y compasión por nosotros mismos, entonces podemos tomar las mejores decisiones. Tomar conciencia y asumir responsabilidades sin culpar a otros son pasos que tenemos que tomar en nuestra ruta hacia el amor a uno mismo.

En esa ruta puede que nos encontremos con conductas poco saludables, como juzgarnos. Juzgarnos duramente puede hacer que nos convirtamos en víctimas. Nuestra cultura celebra a las víctimas. En la televisión podemos ver el valor de ser una víctima. Las víctimas reciben el dinero de demandas, acuerdos y negociaciones para libros o películas. Los ejemplos que vemos nos enseñan a dramatizar los efectos de las experiencias desagradables en nuestra vida y las llevamos hasta las más horribles consecuencias. No estoy diciendo que en nuestra vida no haya experiencias que nos causen dolor y tristeza. Pero centrarnos en nuestras experiencias negativas no nos dará la oportunidad de encontrar la lección que debemos aprender y de crecer gracias a esa experiencia.

Ten presente que podemos estar utilizando nuestro papel de víctima como una forma de manipular y controlar. Lo sé porque yo he utilizado tanto el papel de víctima como el de mártir. Me "privaba de algo" para luego quejarme por ello, si es que necesitaba hacerlo. Ser mártir es poco atractivo. A la familia no le toma mucho captar el juego. Nuestra familia puede colaborar

Tomar conciencia y asumir responsabilidad

con nosotros permitiéndonos privarnos de algo para que sobre para ellos.

Cuando un miembro de la familia está haciendo el papel de víctima o de mártir, el grupo entero está fuera de sincronía. La mejor manera de aprender es a través de la experiencia. Nuestros familiares se dan cuenta del juego que no es evidente y aprenden a jugarlo, especialmente los más pequeños. Ésta es otra buena razón por la que debemos ocuparnos primero de nosotros mismos. Vivir de la manera que queremos que nuestra familia viva es el mejor regalo que podemos hacerle. Si nos encarrilamos primero, podríamos sacar a los miembros de la familia del equilibrio disfuncional al que están acostumbrados, pero más tarde nos respetarán por haberlo hecho.

La vida es corta. Si puedes, experimenta lo mejor de la vida, tu experiencia dolorosa es una gota pequeña en el mar de la eternidad.

Capítulo 7

Recuerda el Plan, cambia tu percepción

Aparentemente hay limitaciones físicas, sin embargo, todos los días las personas tienen experiencias que van más allá de las limitaciones físicas que conocemos.

Es más fácil para nosotros hacer cambios permanentes en nuestro interior si podemos creer que hay "un plan". Cuando nacimos, tuvimos que creer en "un plan". Estábamos indefensos. Algo Supremo a nosotros creó nuestra existencia. Cuando sabemos que hay un Poder Supremo, podemos dar un paso más allá y creer que hay "un plan". Si creemos en "un plan", podemos comenzar a sentir paz en nuestras vidas. Al creer en "un plan" cada suceso tiene un propósito valioso.

Para creer en "un plan" tenemos que dar rienda suelta a nuestra imaginación y creer que en la vida hay algo más que aquello que podemos sentir, gustar, ver, oír y oler. Muchos de nosotros aún estamos mirando la vida a través de nuestros cinco sentidos, confiando solamente en lo que podemos probar o refutar usando información física. Como humanos, sólo podemos ver físicamente lo que es material, y desde esta perspectiva vemos muchas limitaciones. Puede que nos parezca abrumador creer que hay un plan maestro que incluye a cada uno de nosotros como individuos y como grupo, en especial si nos fijamos en el mundo aparentemente limitado que nos rodea.

Parece como si hubiera limitaciones físicas, sin embargo, todos los días las personas tienen experiencias que van más allá de las limitaciones físicas que conocemos. La experiencia es muy real para la persona que la vive. La mayoría de nosotros hemos leído u oído hablar sobre alguien que ha tenido una experiencia de vida después de la muerte. Muchas de estas personas afirman que dentro del plan maestro de su vida está volver a su cuerpo físico. Las personas que han tenido experiencias extra-corporales también afirman creer en la vida después de la muerte. Lo que ellos experimentan es similar a la experiencia de vivir después de haber muerto.

Si creemos en la vida después de la muerte, tenemos que creer que hay algo más que nuestro cuerpo físico. Podemos llamarle Espíritu, Alma o Ser Supremo a esta parte que es "más que lo físico". Esta parte que no vemos, pero que podemos sentir, tiene un conocimiento mucho más amplio del cuadro completo y participa activamente en el plan. Además, esta parte que no podemos ver no está limitada por la estrechez de lo físico. Sabe que hay algo más que nuestros cinco sentidos porque ella es ese

Recuerda el Plan, cambia tu percepción

"algo más". Ve un paso más allá y te darás cuenta de que este Poder Supremo quiere sólo lo mejor para ti y para toda la creación. Hay "un plan" para cada uno de nosotros y nuestro Poder Supremo nos ayuda a convertirlo en realidad. El concepto de "un plan" incluye que encontremos y experimentemos el amor. El objetivo puede parecer simplista pero el amor es nuestro mayor logro; es la raíz de todo bien. No podemos entender realmente lo que es el amor si no nos amamos a nosotros mismos. El no amarnos no es culpa de nadie; no podemos culpar a nadie. Es sólo parte de nuestra experiencia de aprendizaje.

Si existe un plan maestro para nuestra existencia y tenemos algo que ver con el mismo, entonces ¿por qué escogemos la vida que estamos viviendo? Muchos de nosotros sentimos que estamos en situaciones de las que se nos haría imposible escapar. Por otro lado, algunos no queremos escapar de ellas, porque nos gusta sentir un dolor que nos es familiar. Podríamos transformar gran parte de ese dolor con sólo cambiar nuestra percepción de la experiencia.

Podemos comenzar a cambiar nuestra percepción entendiendo que los sucesos de nuestra vida (inclusive los dolorosos) están ahí para nuestro beneficio. Cada uno de nosotros es único y tiene experiencias de vida y creencias que hacen que nuestra percepción de la vida sea diferente. Por tanto tu curación individual no puede venir de una fuente externa (yo). Tiene que venir de tu interior. Yo sólo puedo tratar de ayudarte a encontrar el potencial que hay dentro de ti.

Como la curación y la recuperación comienzan en tu interior, en este libro no encontrarás una lista de sugerencias de lo que uno debe y no debe hacer para tratar con el adicto a sustancias. Este libro fue escrito para ayudarnos en nuestra recuperación y curación interior, no para decirnos cómo debemos reaccionar

Aprender a ser tú mismo; comienza en tu interior

ante nuestro adicto a sustancias. Nadie puede decirnos cómo reaccionar ante una situación específica, ya que cada uno de nosotros es único, con experiencias y creencias que nos identifican. Es necesario que las reacciones surjan de un corazón que ha sanado y recuperado.

Hay incluso un pasaje bíblico que afirma que el bien (paz, alegría y felicidad) está disponible para todos nosotros. Un segmento de Romanos 8:28 dice "Dios dispone todas las cosas para el bien de los que lo aman". Muchas personas piensan que esa escritura dice que si amamos al Señor, todo lo que nos ocurra será bueno.

La mayoría de nosotros hemos tenido experiencias que percibimos como desagradables. Por consiguiente, no consideraríamos que todas las cosas que nos pasan son *buenas*. Si realmente creemos en un Poder Supremo, podríamos crearnos un gran sentido de culpabilidad si interpretamos que el significado de eso es que todo lo desagradable va a ser eliminado de nuestra vida si amamos al Señor. Podemos escoger; percibir que el significado de esta escritura es que todas las cosas suceden para *bien*. Si todo sucede para *bien* podemos ver cada experiencia que vivimos como un fragmento de un cuadro mucho mayor. Puede que inicialmente hayamos definido nuestras experiencias como *malas,* pero en relación con un cuadro mayor podemos ver que a la postre éstas suceden para el beneficio de todos. En algunos casos nunca veremos el beneficio para alguien que sólo conocimos por poco tiempo. Sin saberlo, nuestra *mala* experiencia puede haber sido un cambio positivo para otra persona.

Si analizamos cómo ha sido nuestra vida, podríamos descubrir que una experiencia que percibíamos como *mala* resultó ser a la postre una parte valiosa de un cuadro más amplio. Tengo un buen ejemplo de este principio.

- 76 -

Recuerda el Plan, cambia tu percepción

Hace aproximadamente 22 años, me despidieron de mi trabajo como representante de reclamaciones en una compañía de seguros de automóviles. Para mí eso fue lo *peor* que podía sucederme. Yo era una madre soltera con la responsabilidad de mantenerme y mantener a mi hija. ¿Qué iba a hacer sin trabajo? Fui a la oficina de desempleo a solicitar los beneficios de desempleo. Lloré tanto en esa oficina que casi no podía llenar los papeles.

Mi percepción en ese momento era que sólo a las personas irresponsables las despedían de sus empleos. ¡Que sentido de culpabilidad! Ahora cuando recuerdo esa experiencia doy gracias porque me despidieron. Como representante de reclamaciones, tenía que tratar con personas que habían sufrido accidentes automovilísticos. En ocasiones, no estaba de acuerdo con las decisiones de la alta gerencia en cuanto a los pagos de las reclamaciones. Además, era difícil para mí preguntarle a un familiar acongojado dónde habían llevado el cuerpo. El trabajo no era adecuado para mí, pero nunca hubiera renunciado, pues estaba tratando de mantener mi percepción de lo que era un adulto responsable. Un adulto responsable trabajaba para ganarse la vida independientemente de si le gustaba o no su trabajo. Yo pensaba que el trabajo no era algo que uno disfrutaba. Por eso le llamaban trabajo. Claro está, después de que me despidieron encontré un trabajo mucho mejor que sirvió de sustento para mi familia durante veintidós años. Aunque ese trabajo tuvo sus altas y bajas, puedo decir que si lo coloco en el cuadro más amplio, gracias a él aprendí lecciones de vida muy valiosas. Y esas lecciones me servirán por muchos años.

Las experiencias desagradables son las que nos enseñan las lecciones más valiosas. Podemos cambiar nuestra percepción de las normas y en vez de concentrarnos en lo desagradable,

Aprender a ser tú mismo; comienza en tu interior

podemos escoger ver todas nuestras experiencias como aventuras.

Me he preguntado más de una vez de dónde surgieron las normas sociales y quién determinó cómo serían en primer lugar. En una sociedad compuesta por tantos tipos diferentes de individuos, era de esperarse que algunas reglas desaparecieran a medida que aumenta la diversidad en el mundo. También tenemos normas que nos enseñaron nuestros padres, líderes religiosos y amigos cuando éramos niños. También puede suceder que algunas de nuestras normas individuales ya no nos sirvan. A medida que tomamos conciencia y asumimos nuestras responsabilidades, debemos reevaluar nuestras normas. Puede que sea el momento indicado para cambiar la forma en que las percibimos. O incluso de deshacernos de las que no nos sirven ahora que somos adultos. Una vez reevaluamos nuestras normas, puede que nos demos cuenta de que podemos dejar de juzgarnos y de sufrir las consecuencias de romperlas. El resultado es que nos sentimos más aliviados y somos más tolerantes con nuestros seres queridos y con nosotros mismos.

Nuestras normas tuvieron que haber surgido de comparaciones entre las conductas de una persona con las conductas de otra: de ver cómo la mayoría de las personas actúan ante una situación y las consecuencias que experimentan. En estas comparaciones continuamos utilizando lo externo para medir nuestro desempeño. Otra vez, sólo podemos cambiar interiormente. Es ahí donde podemos cambiar la forma en que percibimos las normas. Una vez nos desprendemos de las altas expectativas de estas normas, se hace más fácil dejar los apegos y lograr la aceptación. Uno puede encontrar consuelo en la creencia espiritual de que hay un plan maestro (y esta creencia

Recuerda el Plan, cambia tu percepción

a veces se adquiere con el tiempo) donde todo trabaja en conjunto para bien.

Cuando cuento mis experiencias, los demás reaccionan de diferentes maneras. Algunos hablan sobre sus propias definiciones de las normas sociales. A algunos no les gusta mi esposo porque es un alcohólico, mientras que otros piensan que soy una idiota por haberme quedado junto a él y algunos piensan que soy una santa. Pero ante los ojos de la mayoría mi conducta fue aceptable: yo era la buena. Yo estaba siguiendo la norma de ser una buena esposa. Pero estaba manejando la situación utilizando el control y la manipulación. Por estos malentendidos mi rol en la conducta tóxica continuó durante años sin ser identificada.

Yo estaba actuando según las normas, pero de forma disfuncional. Mientras nos alaben por nuestra conducta, la curación no puede comenzar. Cuando nuestras vidas se tornan caóticas, entonces buscamos ayuda y comprensión. Como amigos y familiares de adictos a sustancias, nuestras vidas empiezan a ser imposibles de manejar a medida que tratamos de mantener algún tipo de vida normal con una persona que ha cambiado las normas. Los adictos a sustancias han intercambiado el cuidado y el calor humano por una sustancia. Y esa sustancia se convierte en algo más importante para ellos que el cuidado y el calor humano.

De la misma manera que cambiamos nuestra percepción de las *buenas* y las *malas* experiencias podemos cambiar nuestra percepción de quien es *bueno* o *malo*. Stuart Wilde en su libro titulado *Infinite Self* dice,

Toda energía negativa proviene de las percepciones
y definiciones del ego. Lo que llamamos desgracia

Aprender a ser tú mismo; comienza en tu interior

o experiencia negativa es cualquier cosa que contradiga la opinión del ego. Lo que nos dice Wilde sugiere que para definir lo que es una buena y una mala experiencia nos basamos en una creencia o en una definición profundamente arraigada del yo. Esta definición se desarrolla a partir de las experiencias y las creencias que nos enseñan nuestros padres y la sociedad. Estas creencias se convierten en la vara de medir. Nos juzgamos, y juzgamos nuestras experiencias y a los demás, comparando lo que vemos con nuestra percepción de la vida. Cuando redefinimos nuestras creencias, primero cambian nuestras percepciones y luego comienzan a cambiar nuestras experiencias.

Las percepciones varían de país en país. Un miembro encantador de mi grupo *Toastmaster* (grupo de oratoria) se mudó de China a los Estados Unidos hace algunos años. Sus percepciones son muy diferentes a las nuestras, mas no podemos considerarlas ni buenas ni malas. Una semana esta persona escogió el término *destino* como la palabra del día porque era una palabra que no tenía ningún significado en su país. Cada persona que nace en China tiene un destino predeterminado a partir de factores como el momento en que nace y su apariencia física. El público encontró gracioso este concepto. Me imagino que para ella y para los de su país nuestras creencias tradicionales son un poco tontas. El hecho de que tantas personas de China crean que estos factores determinan el futuro de sus ciudadanos hace que esa creencia se convierta en una realidad.

Podemos cambiar nuestras percepciones al tomar conciencia de los juicios que hacemos impulsivamente. Podemos preguntarnos de dónde provino nuestra vara de medir. Sólo porque algo es apropiado para nosotros, no significa que es apropiado para los demás, como en el caso de mi amiga de China. Podemos comenzar a preguntarnos cuáles de las creencias que aprendimos cuando niños de uno de nuestros padres, de un hermano, de un amigo o de una religión nos han llevado a juzgar. ¿Se trata de un juicio válido? ¿Es necesario? Cualquier juicio negativo se puede ser disolver o neutralizar si nos detenemos y tratamos de identificar cuál de nuestras creencias nos ha llevado a sentirnos de una forma dada. Podemos preguntarnos nuevamente si nuestra creencia aún nos parece válida.

Una vez cambiamos nuestras percepciones, podemos cosechar el beneficio de la paz interior que viene como resultado de no juzgarnos ni juzgar a los demás. Es más fácil amarnos los unos a los otros cuando no hay expectativas irreales de por medio. Podemos comenzar de forma sencilla redefiniendo algunas creencias y descubriendo la semilla que dio lugar a un juicio negativo para luego eliminarla del jardín de nuestro corazón. Podemos nutrir las semillas del amor y comenzar a ver el bien en nuestro interior y en lo que nos rodea.

Una vez más, las percepciones que nos hacen juzgarnos y juzgar a los demás pueden reducirse si creemos que hay un plan maestro. Gracias al concepto de "un plan" podemos aceptar sin juzgar que cada cual está donde necesita estar. Cada uno de nosotros puede encontrar y encontrará en su propio corazón la creencia que nos brinda la mejor oportunidad de vivir el amor, ya sea por medio del concepto de "un plan" o gracias a enseñanzas religiosas más tradicionales. A muchos de nosotros, me incluyo, nos han enseñado que la vida es un examen y que muchos de nosotros los humanos fracasamos en él. Dentro del concepto de "un plan" no hay ningún examen, sino experiencias de vida que hay que vivir para el beneficio de toda la creación.

Yo cambié mi creencia de una vida como un examen a una creencia que incluye a un Creador amoroso, todopoderoso y que no juzga. Nuestro Creador nos ofrece el sol y la lluvia. Usualmente, la lluvia se considera la menos placentera de los dos, pero tanto el sol como la lluvia se necesitan para que la Madre Naturaleza y sus hijos puedan sobrevivir. De la misma manera, es necesario que haya experiencias agradables y desagradables para que podamos convertirnos en seres completos. La creencia en la vida como un examen, opuesta a la creencia en "un plan", incluye a un Dios juzgador que tiene un amor condicional por la creación. Si una parte de la creación comete algún pecado a lo largo de su experiencia en el examen de la vida será alejado de Dios por toda la eternidad. La *Biblia*, el libro utilizado como referencia para esta creencia, sostiene que Dios desea salvar a todos los hombres. Lógicamente, si Dios es "Todo lo que Es" entonces puede tener lo que desea. Dios manifiesta su poder en la *Biblia* al decir, por medio de sus profetas, "hágase mi voluntad".

Dentro de la creencia en "un plan", estás leyendo este libro porque en él hay información beneficiosa para ti, sin importar si estás de acuerdo con su contenido.

Se hace más fácil aceptar la creencia en "un plan" que incluye un Dios incondicional si estamos dispuestos a considerar la reencarnación. Según el concepto de la reencarnación, tenemos la oportunidad de tener muchas experiencias en el plano terrenal. Para entender esto mejor, la reencarnación puede compararse con nuestra experiencia de vida actual. Una vez llegamos a la madurez, ya hemos sido niños, adolescentes, jóvenes adultos y adultos. Todas estas etapas han contribuido a hacer la persona que somos en esta vida. De la misma manera, nuestras muchas encarnaciones constituyen nuestro Ser Supremo. Dentro de la creencia en la reencarnación podemos escoger regresar a la Tierra, basándonos en nuestras experiencias en otras vidas. Si vivimos la experiencia de ser en una vida el

Recuerda el Plan, cambia tu percepción

dueño de esclavos, puede que en la próxima escojamos experimentar la vida de un esclavo para crear un balance. Independientemente de si creemos o no en el concepto de "un plan", podemos cambiar nuestra percepción acerca de cómo deben actuar los demás. Podemos escoger renunciar a nuestra función en el Tribunal como jueces y como jurado. Podemos comenzar a ver el bien en los demás y a aceptarlos por lo que son. Si juzgamos en vez de ver el bien, podemos preguntarnos por qué juzgamos de esa manera. En ocasiones ese juicio que hacemos de los demás es realmente nuestro Poder Supremo mostrándonos algo que nosotros tenemos que mejorar.

Durante muchos años no creí en el concepto de "un plan". Por el contrario, me rebelaba ante el juicio de un enemigo: la sociedad. Yo era una madre soltera en 1973 y creía que la sociedad me juzgaba por eso. En ese momento no me daba cuenta de que mi propia creencia y mi propio juicio eran los que estaban creando el conflicto que tenía. Estaba juzgando mis acciones basándome en mi percepción de las normas sociales. En vez de cambiar mi percepción de lo que para mí era aceptable, me rebelé. Vivía con una actitud de "les voy a demostrar que puedo". Yo creía que Dios estaba a mi alcance, pero que estaba dejando que mi vida fuera desagradable a manera de castigo. Ahora me doy cuenta de lo tonta que es esa idea. Estaba luchando contra mis propias creencias y juicios y luego culpando a Dios y a la sociedad por sus normas inviolables.

Ahora creo que hay "un plan" y no juzgo mis acciones porque creo que mis experiencias han sido justo cómo han tenido que ser. Esto incluye todas mis experiencias pasadas. Mis experiencias me han llevado a este nivel de comprensión.

La percepción que tenemos de nosotros mismos es muy poderosa y puede influir en los demás. La siguiente historia es embarazosa para mí, pero tiene un mensaje tan poderoso que

Aprender a ser tú mismo; comienza en tu interior

tengo que contarla. Hace un tiempo conocí a una mujer con una nariz que parecía un tanto larga. Sin embargo, ella aceptaba la cara que le habían dado. Su energía positiva era tan evidente que en poco tiempo tuve que estar de acuerdo con ella. Me di cuenta de que su nariz no era tan larga y que, de hecho, junto con sus demás rasgos faciales, la hacía una mujer muy hermosa. ¡Nuestras creencias pueden ser así de poderosas! La manera en que nos percibimos afecta las creencias de los que nos rodean. Doy gracias a mi amiga porque me enseñó una valiosa lección: hay que aceptarse y no juzgarse.

Podemos cambiar nuestra percepción de los demás cuando entendemos lo que los motiva. Podemos entender lo que los motiva reconociendo lo que los hace diferentes. Aprendí una gran lección sobre estas diferencias en el curso superación de retos que mencioné en un capítulo anterior. En un momento dado durante el seminario nos separamos en grupos pequeños aproximadamente de seis personas. Cada uno tenía seis minutos para hablar sobre lo que nos hacía diferentes. A medida que cada persona compartía sus diferencias, se evaporaban las nociones preconcebidas sobre ella. En aquel salón nació una mejor comprensión de las motivaciones individuales. Antes de juzgar a los demás podemos considerar lo que los hace diferentes.

Podemos celebrar nuestras diferencias. Son lo que constituyen al ser único que somos hoy. Durante un período en que dudaba de mi propia capacidad (estas dudas pueden sorprendernos, pero la buena noticia es que no duran) llamé a mi amiga Jackie en Washington para compartir con ella mis miedos sobre escribir este libro.

Le pregunté si creía que estaba perdiendo el tiempo. "¿Y si hay otros libros iguales al mío?

Ella me contestó: "Si tienes dos piezas azules de un rompecabezas, ¿vas a echar una de ellas a la basura? No, se

Recuerda el Plan, cambia tu percepción

necesitan todas las piezas azules para armar el cielo en el rompecabezas". (Tengo amigos sabios, ¿no es así?)

¡De la misma manera que se necesitan todas las piezas azules, se necesita a cada uno de nosotros, a cada persona única para armar la creación!

Entender lo que nos hace diferentes nos ayudará a aceptarnos con amor y compasión. Aceptarnos influirá en la aceptación que recibimos de los que nos rodean.

Cambiando los pensamientos negativos que tenemos sobre nosotros mismos por pensamientos positivos cambiamos nuestra vida. Cambiando los pensamientos negativos que tenemos sobre los demás por pensamientos positivos cambiamos sus vidas. Cuando nos centramos en las cualidades positivas de los demás, cambia la forma en que reaccionamos ante ellos.

Son demasiadas las veces en que nos centramos en las acciones negativas de los demás para justificar nuestros sentimientos. En vez de hacer esto, podemos tratar de encontrar las acciones positivas de esas personas. Podemos encontrar cosas que realmente nos gustan de esas personas. Podemos dar un paso más allá y decirles las cualidades que hemos visto.

Cuando nos damos cuenta de que estamos percibiendo a los demás de manera negativa, tenemos que preguntarnos por qué nos sentimos de esa manera. Todo lo que está a nuestro alrededor es un reflejo que nos enseña más acerca de nuestro ser.

No necesitamos ser deshonestos cuando llegamos a un punto en nuestra vida en el que tenemos conciencia, asumimos nuestras responsabilidades y confiamos por completo en que el Universo proveerá todo lo que necesitamos para existir y cumplir con nuestro propósito en esta vida. No estoy juzgando la deshonestidad, sólo trato de mostrar cómo ésta puede enviar un poderoso mensaje que puede limitar nuestras posibilidades. Cuando somos deshonestos estamos tratando de manipular el

Aprender a ser tú mismo; comienza en tu interior

resultado. Cuando tratamos de manipular el resultado, estamos definiendo el resultado que nosotros consideramos mejor. Nosotros los humanos tenemos una visión limitada de las posibilidades, mientras que el Universo se compone de millones de posibilidades y probabilidades. ¿Por qué querríamos utilizar nuestra visión limitada para manipular y obtener un resultado específico cuando las posibilidades universales son ilimitadas? ¿Por qué tratamos de controlar y amoldar el futuro para asegurarnos de obtener el resultado que consideramos mejor? El resultado que nosotros determinamos puede no ser el mejor para todas las personas involucradas. Al hacerlo nos exponemos a una posible decepción y a juzgarnos si lo deseado no resulta como esperábamos.

A veces creemos que podemos justificar nuestra deshonestidad cuando se trata de asuntos económicos. Puede que decidamos ser deshonestos al calcular nuestra contribución sobre ingresos para evitar pagar al gobierno altas sumas de dinero. Puede que justifiquemos nuestras acciones con la creencia de que el gobierno tiene suficiente dinero nuestro o que no hace buen uso del dinero que tiene. No sólo estamos violando la ley terrenal al hacer esto, sino que estamos enviando un mensaje poderoso al Universo y a nosotros mismos. El mensaje es que no creemos tener la capacidad de ganar lo suficiente sin tener que ser deshonestos. Estamos limitando la cantidad de dinero que creemos que podemos ganar.

Podemos tratar de ser honestos con nosotros mismos en lo que se refiere a nuestros actos. Podemos llegar a la raíz de nuestras selecciones preguntándonos cuáles son nuestras motivaciones. ¿Tratamos de manipular para obtener el resultado deseado? Nunca podemos olvidar tomar conciencia y asumir nuestras responsabilidades sin juzgar. Reconocer lo que hicimos en el pasado no es para castigarnos. Si encontramos conductas tóxicas, podemos simplemente limpiarlas, dar gracias al Universo por haber aumentado nuestra conciencia, perdonarnos por lo que percibimos como una indiscreción, borrar cualquier creencia limitativa y seguir adelante.

Culpa es lo que sentimos cuando pensamos que pudimos haber actuado de manera diferente para obtener otro resultado. Una vez aceptamos el concepto de "un plan", la culpa y la vergüenza (el acto de juzgarnos como malos) se convierten en emociones del pasado.

Hemos analizado que no tenemos control sobre los demás y sólo somos responsables de nosotros mismos. Hemos hablado sobre un plan maestro organizado para ayudarnos a aprender y a amar. Hemos descubierto que algunas de nuestras mejores oportunidades de aprender nos llegan a través de experiencias desagradables. Si todo esto es cierto, entonces no debe haber culpa ni vergüenza.

La culpa es un efecto secundario de juzgar. En un mundo donde todo funciona para bien, no debería haber juicios. Puede que sintamos culpa porque hemos establecido normas que esperamos que otros cumplan y luego nos damos cuenta de que nosotros no las cumplimos. No tenemos derecho a esperar que otros se amolden a nuestras expectativas porque las experiencias de cada cual son lo que los hace únicos. No hay una norma que "sirva para todo el mundo".

No existen los "debí" o los "pude" en una vida que se vive según "un plan". Puede que nos preguntemos: ¿Cómo sé si estoy viviendo según el plan? Lo sabemos porque nuestro Poder Supremo y el Universo nos ayudan a asegurarnos de que experimentamos las aventuras y las lecciones que tenemos que vivir.

Cuando nos sentimos culpables debemos verlo como una señal de que es el momento de analizar ciertas percepciones

Aprender a ser tú mismo; comienza en tu interior

sobre lo que creemos que debió haber sucedido. Nuestro "debí" pudiera basarse en creencias que ya no son válidas para nosotros. Si nos sentimos mal porque nos sentimos culpables, tenemos el poder de disolver ese malestar.

De la misma manera que nuestro Ser Supremo y el Universo trabajan juntos para nuestro mayor bien, nuestros seres queridos están trabajando con su Ser Supremo y con el Universo. No juzgar y la aceptación llenarán nuestra vida de paz, alegría y felicidad.

Cuando escogemos no juzgar, aceptamos las circunstancias que ocurren en nuestra vida y en la vida de los que nos rodean. Por consiguiente, no hay culpa ni vergüenza. Podemos obtener paz si reconocemos el valor de esas circunstancias y vemos que fue necesario que sucedieran para contribuir al crecimiento de todas las personas involucradas. Hay un plan maestro que está en proceso de diseño por nuestro Creador. Él sabe exactamente qué circunstancias necesitamos vivir para cumplir con nuestro propósito en esta vida. Cuando nos juzgamos negativamente, enviamos un mensaje poderoso que dice que nos falta algo, que estamos incompletos o defectuosos. Junto con ese juicio negativo, forjamos una creencia que influirá en nuestras experiencias de vida futuras. Cuando emitimos juicios negativos no sólo afectamos nuestra vida sino también la de los que nos rodean.

Cada uno de nosotros es una persona única en nuestro propio camino de vida. Si juzgamos negativamente cierto acto puede que nos estemos privando de nuestra lección más importante de vida. Por otro lado, cuando actuamos en armonía con nuestro Poder Supremo, podemos escoger ser menos severos en nuestros juicios y confiar en que todas las cosas trabajan en conjunto para bien.

Recuerda el Plan, cambia tu percepción

Si aprendemos a practicar el perdón podemos comenzar a disolver la culpa y la vergüenza. Hace poco escribí que sentimos culpa y vergüenza porque juzgamos alguna acción nuestra como incorrecta. Cuando juzgamos no estamos confiando en la capacidad de nuestro Creador de seleccionar las aventuras que más nos convienen. Una vez confiamos en que nuestro Creador nos brinda lecciones valiosas en cada experiencia, podemos perdonarnos y perdonar a los que nos rodean. Si se nos hace difícil perdonar, tenemos que buscar en nuestro interior y pedirle a nuestro Poder Supremo que nos muestre las lecciones que necesitamos aprender. Una vez más, todo lo que nos rodea es un reflejo de nosotros mismos. Si no nos gusta lo que vemos por fuera, podemos buscar en nuestro interior para saber el porqué. Los juicios comienzan en nuestro interior. Tuvimos que haberlos experimentado en nuestro interior antes de poderlos identificar en alguien más. Los resentimientos basados en juicios que no hemos resuelto atraerán como imanes los reflejos que vemos en el mundo exterior. Nuestro Poder Supremo continuará trayendo a nuestra vida personas o experiencias que nos ayudarán a darnos cuenta de lo que tenemos que mejorar hasta que "captemos el mensaje".

Además, desperdiciamos nuestra energía cuando la enfocamos en quienes no perdonamos. Esos pecados sin perdón consumen nuestro tiempo y ocupan un valioso espacio en nuestra mente, un espacio que podríamos utilizar para nuestro crecimiento espiritual. En AA hay una frase que dice: "No dejes que nadie ocupe espacio en tu mente sin pagar renta".

A lo largo de mi vida, he juzgado negativamente muchas de las experiencias que he tenido. En particular, todavía tenía que mejorar el juzgarme por hacer algo que consideraba "malo" y el sentirme culpable y arrepentirme de romper las normas sociales. llenamos de estos juicios tóxicos puede llevarnos a creer que no

Aprender a ser tú mismo; comienza en tu interior

valemos nada. Cuando sentimos que no valemos, nos privamos de los regalos generosos del Universo. Para disolver estos juicios monté en un autobús imaginario a todas las faltas que percibí que había cometido. Muchos de mis juicios tenían que ver con otras personas. Observé cómo el grupo interactuaba mientras esperaba para entrar en el autobús. De vez en cuando uno de ellos me saludaba y saludaba a mi guía. Yo sonreía y contestaba su saludo sin remordimiento. Entraron en el autobús y se alejaron. Algunos se asomaban por la ventana y me decían adiós. Yo les decía adiós también y estaba satisfecha de verlos alejarse y salir de mi sistema de creencias. Usando mi imaginación los acepté y luego los dejé ir. La imaginación nos ayuda a sentir odio por nosotros mismos. Deja que también nos ayude a encontrar amor a uno mismo. Podemos darnos un regalo de amor. Pero puede que se nos haga difícil amarnos si aún guardamos remordimientos.

Cada experiencia nuestra es un paso que damos para cumplir con nuestro propósito en esta vida. Si nos arrepentimos de algo que hicimos en el pasado estamos diciendo que las cosas pudieron o tuvieron que haber sido de otro modo. Cuando examinamos lo que ha sido nuestra vida podemos ver cómo las experiencias de las que ahora nos arrepentimos han propiciado otros sucesos que han influido positivamente en nuestra vida o en la vida de otros. Cada experiencia vivida ha sido necesaria para crear a la persona que somos hoy. Si no nos gusta lo que vemos, recuerda que todavía estamos en proceso de creación. Si miramos la vida desde una perspectiva que no incluye juzgar, algún día tendremos la oportunidad de ver como todas y cada una de las experiencias que hemos tenido encaja perfectamente en un plan más amplio e importante. Podemos comenzar a ver nuestros remordimientos como nuevas aventuras que nos llevan por un sendero no esperado. Puede que estemos afectando a otros de maneras que no nos resultan evidentes en este momento y que tal vez nunca lo serán.

Hace diez años yo no sabía que algún día iba a tomar ese dolor que sentía y usarlo para tocar la vida de otros que estaban pasando por el mismo dolor. Hace diez años se me hacía difícil ver cómo iba a sobrevivir cada día. La vida era tan dolorosa que pedí que me dejaran quedarme un día adicional en el hospital luego de una operación en 1988. No quería regresar a mi hogar disfuncional. Algunas de las experiencias que más insignificantes parecían me están ayudando ahora con lo que creo que es mi propósito en la vida. Trabajé en el departamento de artes gráficas de mi compañía cuando me mudé de Washington. En ese momento no hubiera escogido hacerlo porque los retos que me brindaba la plaza eran mucho menores que los retos a los que estaba acostumbrada. Me doy cuenta ahora de que era un buen lugar para comenzar mi proceso de curación. Ahora que estoy trabajando en la publicación independiente de este libro, puedo ver el valor incalculable que tiene para mí esa experiencia en el campo gráfico. Entiendo mejor el proceso de impresión porque trabajé con impresoras y diseñadores gráficos.

Cuando creemos en "un plan" es más fácil aceptar nuestro pasado para luego dejar ir nuestros remordimientos sin juzgarlos. El Universo ha trabajado para que llegáramos a este punto. Y continuará llevándonos al próximo paso y luego al próximo. Aprende a confiar en que todas nuestras experiencias de vida son para nuestro mayor bien.

Podemos dejar ir el remordimiento cuando nos damos cuenta de que SOMOS seres humanos que vivimos sólo en el presente. Cuando dejamos que las experiencias pasadas ocupen nuestros pensamientos estamos desperdiciando nuestra energía. Sólo debemos volver al pasado para sanar sin juzgar. El futuro es nuestra oportunidad de vivir aventuras. Pero no tenemos que

Aprender a ser tú mismo; comienza en tu interior

preocuparnos por esto porque el presente es el que crea nuestro futuro. Sólo debemos ocuparnos por el presente. Debemos dar las gracias por el perfecto orden del Universo y por el lugar único que ocupamos en él. Tenemos que aceptar que puede que mañana sea desagradable, pero junto a esa experiencia habrá una oportunidad de aprendizaje maravillosa. Cuando nos preocupamos por el futuro, enviamos la señal de que no estamos felices con nuestro presente. En vez de hacer esto, celebremos nuestro presente y ocupémonos de amarnos haciendo algo especial por nosotros mismos. ¿Alguien quiere un batido de chocolate?

Capítulo 8

Amor a uno mismo... ¿Qué nos impide tenerlo?

Los empleados de la sala de urgencias hicieron algo que yo debía haber hecho hace tiempo; echaron a la basura mi ropa interior andrajosa.

Podemos comenzar a descubrir el amor hacia nosotros mismos cambiando nuestros pensamientos, nuestras percepciones y nuestras creencias limitativas. Estos pocos y sencillos cambios en nuestros procesos de pensamiento cambiarán drásticamente nuestra vida.

Aprender a ser tú mismo; comienza en tu interior

Tenemos que amarnos primero. Para algunos esto puede sonar egoísta, pero si no nos amamos primero, no sabremos la definición verdadera del amor. Sin la definición verdadera del amor, no podemos darlo a nadie. Este amor tiene que nacer en nuestro interior. Yo sólo puedo tratar de ayudarte a descubrir el amor a ti mismo, que está en tu interior. Con una base firme de amor a uno mismo serán menos las veces en las que percibamos los sucesos como dolorosos. Cuando nos amamos, tenemos una base sólida de confianza. Con esta confianza, los sucesos externos ya no tienen el poder de afectarnos. Espero que compartir lo que he aprendido sobre amarme a mi misma pueda ayudarte a encontrar la paz, alegría y felicidad que está disponible para todos.

Si analizamos cómo nos tratamos a nosotros mismos, puede que notemos conductas que no son saludables y que no nos honran. Una manera de no honrarnos es "privarnos" y no comprarnos cosas buenas. Hacer esto es un buen indicio de que no creemos merecer cosas buenas. O puede ser que hagamos lo contrario al salir a comprar todo lo que vemos, en un intento por esconder una baja auto estima.

Puede que no nos honremos sin darnos cuenta. Yo lo hice en el siguiente ejemplo. Tuve un accidente automovilístico hace alrededor de veinte años. No sé si mi madre realmente llegó a darme este consejo: "ponte siempre tu mejor ropa interior, por si sufres un accidente", o si esto es simplemente algo que todo el mundo sabe. (Si eres más joven que yo, puede que no hayas oído esto. Ciertamente espero que la madres hayan dejado de dar este consejo basado en el miedo.) El día de mi accidente tenía puesta la ropa interior más andrajosa que pueda ponerse mujer alguna. Puede que tengas una parecida. Tenía el elástico estirado y estaba desgarrada y desteñida, en fin, todo lo que puedas imaginar. Me doy cuenta ahora, cuando recuerdo el accidente,

Amor a uno mismo... ¿Qué nos impide tenerlo?

que continuar poniéndome esa ropa interior contenía una poderosa señal de no honrarme a mí misma. (Las madres deben decirle a sus hijos: "ponte siempre tu mejor ropa interior porque tú mereces lo mejor".) Los empleados de la sala de urgencias hicieron algo que yo debía haber hecho hace tiempo; echaron a la basura mi ropa interior andrajosa. Mientras la conservaba y me la ponía, estaba enviándome el mensaje de que no merecía tener cosas buenas.

Es una historia graciosa, pero la comparto para traer el punto de que puede que sin darnos cuenta no nos tratemos con el debido respeto.

Pero comprarnos ropa interior nueva no va a hacer que comencemos a demostrarnos respeto y amor milagrosamente. Puede que nos digan que amarnos es el mejor regalo que podemos darnos y dar a nuestros seres queridos. Pero estas palabras no significarán nada hasta que no entendamos por qué no nos amamos. Es posible que no nos amemos porque sin darnos cuenta tenemos alguna creencia que no nos honra. Estas creencias pueden haber surgido de un comentario cualquiera que nos dijeron cuando éramos jóvenes e impresionables. Las creencias limitativas que no reconocemos continúan afectando la forma en que experimentamos la vida y hasta pueden impedir que sintamos paz y alegría. Mencioné anteriormente que debido a las experiencias que tuve cuando niña creí durante muchos años que no valía nada, que no era digna de amor y que no merecía nada.

Además de creer esto, creía que había pecado y que había roto las normas sociales. Basándome en esta creencia, me juzgaba y temía el juicio de los demás. Albergaba expectativas irreales de mí misma basadas en mi percepción del pecado y de las normas sociales. Lo cierto es que yo era la única que tenía control sobre mi definición de pecado y de las normas (se habló

Aprender a ser tú mismo; comienza en tu interior

de esto en el Capítulo 7). En cualquier momento pude haber cambiado esa percepción y haber dejado de juzgarme duramente. Yo era mi peor enemigo. Realmente esas faltas que yo percibía contenían algunas de las experiencias de aprendizaje más valiosas que he vivido. Una vez me di cuenta que juzgarme era lo que no me dejaba amarme, pude transmutar esos juicios. Ahora puedo dar gracias por las valiosas lecciones de vida sin juzgar ni culpar.

Debemos evitar culparnos, culpar a otros o juzgar las creencias limitativas que vayamos descubriendo. Juzgar lo que ha sido nuestra vida hasta ahora sería crear otra creencia limitativa, la creencia de que nos hemos equivocado. no Nos hemos equivocado. ¡Por el contrario! Hemos desarrollado más oportunidades de crecimiento y de expansión! Identificar estas creencias nos da la oportunidad de dar gracias a Dios por las lecciones que nos han enseñado y por las que continuarán enseñándonos. Todas tienen un gran valor. Podemos dar gracias a Dios por haberlas descubierto y pedirle fortaleza para convertirlas en creencias que correspondan con nuestras necesidades actuales. Podemos recordar la confianza que tuvimos cuando éramos recién nacidos y creer que existe "un plan" y que todo es como tiene que ser. Podemos comenzar a aceptar lo que ocurrió en el pasado y lo que el futuro nos traiga tanto a nosotros como a los que nos rodean. Podemos comenzar a ver nuestro futuro y el futuro de nuestros seres queridos como una aventura. Un futuro lleno de entusiasmo y potencial para crecer.

Al entender mejor a nuestro Poder Supremo podemos aprender a confiar y a aceptar los regalos que generosamente nos da el Universo.

Amor a uno mismo... ¿Qué nos impide tenerlo?

En ocasiones hay buenas intenciones detrás de las creencias que nos inculcan como lo demuestra el siguiente ejemplo, el cual pasó desapercibido durante muchos años.

Cuando era niña, si iba donde mi madre con una queja sobre alguna persona, ella siempre me preguntaba "¿Qué hiciste tú?" Ahora entiendo que ella trataba de enseñarme que se necesitan dos personas para discutir. Hace poco me di cuenta de que continuamente me preguntaba qué era lo que yo había hecho mal cada vez que tenía un malentendido con alguien. Muchas veces los desacuerdos que tenía con otros no tenían nada que ver con lo que yo había hecho mal, sino con asuntos relacionados con la otra persona. Aunque mi madre tuvo buenas intenciones al darme aquel consejo, yo tenía una creencia limitativa que tenía que cambiar.

Muchos expertos creen que detrás de las creencias limitativas se esconde un frágil niño interior. Este niño interior es creativo y puro. Julia Cameron escribió el libro *The Artists Way* y desarrolló un curso para ayudar a las personas a redescubrir su niño interior creativo. Julia escribió *The Artists Way* luego de haber comenzado a recuperarse de su adicción al alcohol. Escribió el libro porque temía que la sobriedad la hiciera perder su creatividad. Luego, desarrolló un curso de doce semanas para recuperar su niño interior creativo. Ella piensa que este niño interior creativo estaba escondido bajo capas de creencias y mitos.

Mi esposo y yo tomamos el curso de *The Artists Way*. En el curso se exhorta a los estudiantes a participar en actividades diseñadas para despertar el niño interior creativo. A medida que yo participaba en las actividades semanales, me daba cuenta de que las tareas fomentaban el cuidarse a sí mismo. Muchas de ellas eran actividades que disfrutábamos cuando niños, pero que ahora como adultos vemos como infantiles. Las actividades

Aprender a ser tú mismo; comienza en tu interior

fueron diseñadas para ayudarnos a recordar quiénes éramos antes de que nos restringieran con los "debes hacer esto" o "no debes hacer esto" que nos decían personas con buenas intenciones. A medida que concluía cada semana de actividades, comenzaron a surgir patrones de viejas creencias. Nuestro instructor, Rick Graham, usó la experiencia en el salón de clases para ayudar a los estudiantes a identificar viejos patrones, creencias y mitos. Una vez comenzamos a sentir la libertad que vivimos cuando niños, descubrimos las creencias que impedían que sintiéramos esa libertad en nuestra vida actual. El programa de Julia no sólo beneficia a las personas que sienten que son artistas, sino a cualquier persona que quiera encontrar su niño interior creativo.

Tomar conciencia de las creencias limitativas y luego disolverlas es una buena manera de descubrir por qué continuamos haciendo cosas que no nos conducen a nuestro mayor bien. Puede que algunas de nuestras creencias hayan hecho que nuestro frágil niño interior desarrollara una personalidad para protegerse. Hal y Sidra Stone han escrito varios libros sobre la sicología de las personalidades múltiples. Los Stones creen que nuestro niño interior crea personalidades alternas para protegerse. No me refiero al desorden de personalidades múltiples que los criminales utilizan con frecuencia como defensa. Me refiero a que utilizan sin darse cuenta estas personalidades menos prominentes en aquellas ocasiones en las que perciben que es necesario. Los Stones enseñan que nuestro niño interior ha creado algunas personalidades que han dejado de ofrecer experiencias positivas al adulto que somos hoy. Ellos han desarrollado un procedimiento llamado "diálogo de voces" para ayudarnos a descubrir y a entender las personalidades y su propósito.

Amor a uno mismo... ¿Qué nos impide tenerlo?

Rick Graham, nuestro instructor de *The Artists Way*, es facilitador de la técnica de diálogo de voces. A lo largo del curso, Rick organizó sesiones de diálogos de voces con algunos estudiantes. Durante estas sesiones, Rick le hablaba a las diferentes personalidades que habían sido desarrolladas, según indica la teoría de Hal y Sidra Stone. Observé con interés a medida que los participantes dejaban que sus otras personalidades se revelaran y hablaran con Rick. Según Rick los iba guiando, explicaban por qué pensaban que tenían que formar parte de la vida de esa persona. Sus razones para desarrollarse parecían válidas. En el caso de una de las estudiantes, su personalidad crítica tuvo que desarrollarse porque si no la tuviera no sería capaz de lograr nada significativo en la vida.

Una noche de camino a casa luego de la clase me di cuenta de que yo tenía lo que llamaré mi "personalidad financiera". Esta personalidad surgió a raíz de una creencia en la necesidad de seguridad cuando me hice responsable de mi familia. Mi personalidad financiera pasó infinidad de horas repasando de dónde iba a venir el dinero y a dónde iría. Mi personalidad financiera invirtió tiempo sumando y volviendo a sumar, ordenando y volviendo a ordenar. El problema es que practicamos este tipo de conducta por miedo a que nos falte algo, y atraemos aquello en lo que invertimos la mayor parte de nuestra energía emocional. Además, cuando mi personalidad financiera analiza mi situación monetaria, se establecen límites sobre de dónde el dinero puede llegar y a dónde debe ir.

Hace algún tiempo, me di cuenta de que mis creencias limitativas de que no valía nada y no merecía nada estaban afectando mi salud financiera. Mis creencias se habían convertido en miedo a que nunca tendría suficiente dinero para cubrir mis gastos. Pedí al Universo que me ayudara con mis asuntos de dinero. Poco a poco, he aprendido a tener confianza en el apoyo incondicional del Universo. Descubrí que no sólo creía que no valía nada y no merecía nada, sino que también creía que había una cantidad limitada de dinero. ¡Estas creencias limitativas son terribles! Muchas veces se nos hace difícil eliminar nuestras creencias limitativas y creer en una verdad espiritual porque continuamos viviendo lo opuesto a lo que creemos que debería ser. Usualmente vivimos lo opuesto porque hay una creencia escondida y muy arraigada. Para cambiar las experiencias desagradables necesitamos localizar nuestras creencias limitativas para entonces cambiarlas.

Las creencias limitativas pueden impedir que vivamos la idea que aparece en el pasaje bíblico Mateo 6:26 que confirma que el Universo sí quiere apoyarnos y suplir nuestras necesidades.

Miren cómo las aves del cielo no siembran, ni cosechan, ni guardan en bodegas, y el Padre celestial las alimenta. ¿No valen ustedes más que ellas?

Este pasaje me da consuelo. Espero que también te lo dé a ti. Es cierto que contamos con un Universo amoroso y generoso. Si miro atrás a lo que ha sido mi experiencia de vida, puedo ver que mis creencias no tenían fundamento porque mis necesidades siempre han sido saciadas. Desafortunadamente, mi creencia impedía que disfrutara más de los regalos abundantes que nos ofrece nuestro Universo.

A pesar de contar con el consuelo de la escritura bíblica, yo tenía creencias muy arraigadas que tenía que cambiar para lograr impedir que mi asustada personalidad financiera calculara y volviera a calcular cada centavo. Decidí que podía hacer sólo una cosa y era ofrecerle a mi personalidad financiera un retiro

Amor a uno mismo... ¿Qué nos impide tenerlo?

temprano. (Nuestra imaginación es una herramienta poderosa). Le ofrecí a mi personalidad financiera casa y comida por el resto de su vida. Le sugerí que pasara su tiempo libre sentada en la playa tomando margaritas. Le di las gracias por los años que trabajó para mí y reconocí su contribución con nuestro éxito. (Después de todo, ¡ella es una genio en finanzas! Siempre ha estado ahí para ayudar a que las cosas se resuelvan de una manera u otra. Aunque fuera robándole a Pedro para pagarle a Pablo). Le dije que había decidido que era hora de probar otra forma de manejar las cosas y que esa forma era confiar en el Universo. Le ofrecí trabajo por contrato en caso de que necesitara nuevamente sus habilidades. Ahora se queda en la playa la mayor parte del tiempo y si decide entrometerse, le recuerdo nuestro pacto y la envío de regreso a donde estaba.

El retiro de mi personalidad financiera puede que te parezca tonto o una medida extrema, pero necesitaba cambiar creencias sumamente arraigadas. ¿Por qué no divertirme en el proceso?

Hemos discutido cómo una creencia puede crear personalidades y que, en su momento, éstas son un sistema de apoyo muy necesario. Pero a medida que crecemos y nuestra vida cambia, algunas de nuestras creencias y las personalidades creadas por ellas ya no nos sirven. En vez de ofrecer la protección que prometían inicialmente, las personalidades y la creencia impiden que desarrollemos nuestro potencial. Rick nos dijo que no podemos deshacernos totalmente de las personalidades y que al identificarlas, es importante reconocer su contribución. Sin embargo, pienso que podemos cambiar la creencia que dio lugar a su creación. Para más información, lee uno de los muchos libros sobre personalidades escritos por Hal y Sidra Stone. Llama a un facilitador de diálogo de voces y solicita una sesión. O usa una técnica llamada terapia cognoscitiva.

Aprender a ser tú mismo; comienza en tu interior

    Actualmente participo en un Programa de Adiestramiento para el Tratamiento de Alcohol y Drogas ofrecido por la Universidad de Utah. En una de nuestras clases aprendimos sobre la terapia cognoscitiva. Esta terapia consiste en un ejercicio que se utiliza para reconocer y eliminar los pensamientos incorrectos. Un suceso, o provocación da lugar a pensamientos que pueden ser negativos o incorrectos. Es posible que los pensamientos negativos den lugar a sentimientos negativos, los que a su vez pueden llevar a conductas negativas. En general las conductas inapropiadas tienen consecuencias negativas. Analizar y cambiar los pensamientos negativos que resultan de la provocación puede prevenir conductas inapropiadas y sus consecuencias desagradables. Los pensamientos que resultan de una provocación pueden partir de creencias negativas muy personales que no tienen nada que ver con la situación actual. Cuando se analizan racionalmente pueden transformarse en pensamientos más realistas.
    Experimenté la teoría de terapia cognoscitiva la misma noche que tomé la clase sobre este tema. Mientras nuestra instructora le demostraba a los estudiantes el procedimiento, levanté la mano para hablar sobre el concepto de las personalidades y el diálogo de voces. La instructora me dio la oportunidad de decir lo que pensaba. Su respuesta fue que el diálogo de voces era un proceso más complicado que el que ella enseñaba en la clase. Sentí que la forma en que descartó mi comentario fue una provocación. Pensamientos personales muy negativos comenzaron a pasar por mi mente, *ella leyó mi libro y no está de acuerdo con lo que dice, mi contribución no es valiosa, no sé de lo que estoy hablando, no soy más que una perdedora.* Los sentimientos que resultaron de estos pensamientos eran devastadores. Me sentí insignificante, triste y deprimida. La conducta que vino después no duró mucho pero

Amor a uno mismo... ¿Qué nos impide tenerlo?

fue muy real. Quería darme por vencida en cuanto a mi libro, las charlas que daba y mis estudios. Quería abandonar lo que era mi vida. Todo esto pasó en alrededor de dos minutos. Me di cuenta de que acababa de experimentar una provocación que dio lugar a pensamientos negativos. Éstos crearon sentimientos negativos, que a su vez apuntaban hacia conductas negativas. Sabemos muy bien que cuando la maestra me dijo que no quería discutir el diálogo de voces, eso fue todo lo que quiso decir. Su comentario no estaba dirigido a mí en lo personal. Este es un ejemplo sencillo, uno que para la mayoría de nosotros no iría más allá de simplemente contemplar conductas negativas. Pero lo comparto para demostrar cuán fácil es ir de una provocación a pensamientos sobre conductas negativas. Además, los pensamientos que surgen a raíz de una provocación pueden ser muy personales y, en la mayoría de los casos, al igual que en mi ejemplo, son incorrectos. No olvides que los pensamientos son poderosos.

Según hemos discutido, podemos utilizar los pensamientos de forma positiva, como en el ejemplo del retiro de mi personalidad financiera. De la misma manera, puedo tener pensamientos positivos sobre mí misma para cambiar mi vida. Los pensamientos positivos pueden neutralizar los negativos y pueden cambiar vidas en poco tiempo. Mi primera experiencia con esta verdad capaz de cambiar vidas sucedió en 1982 luego de leer el libro *Psycho-cybernetics* de Maxwell Maltz, M.D., F.I.C.S.

El Dr. Maltz sugiere que nuestro sub-consciente es un servomecanismo el cual recibe los datos de nuestros pensamientos sin juzgarlos. Estos datos pueden ser positivos o negativos; nuestro servomecanismo opera de la misma forma con ambos. El Dr. Maltz cuenta con muchos ejemplos que prueban esta teoría. Basándonos en la teoría del Dr. Maltz,

Aprender a ser tú mismo; comienza en tu interior

estaríamos mucho mejor si hiciéramos aportaciones positivas a nuestro servomecanismo.

Utilicé mis pensamientos para poner a prueba la teoría del Dr. Maltz. En ese momento estaba de quince a veinte libras sobrepeso. Había tratado la mayoría de las dietas más populares. Pensaba constantemente en mi peso (y recuerda, atraemos aquello en lo que invertimos nuestra energía emocional.) Siempre estaba a punto de comenzar una nueva dieta, así es que comía demasiado el día antes. En vez de comerme una dona, me comía tres. Tenía miedo de que nunca más pudiera comerme una dona. Llegué a la conclusión de que tenía que aprovecharlas mientras pudiera. En su libro, el Dr. Maltz sugiere que decidamos qué peso queremos tener y comencemos a creer que tenemos ese peso. Escogí mi peso ideal y comencé a creérmelo. Sucedió algo maravilloso. ¡Ya no quería comer demasiado! Comía sólo cuando tenía hambre y paraba de comer cuando estaba llena (sentirme culpable al desperdiciar comida era otra creencia limitativa que tuve que descubrir y cambiar.) Desde entonces no he estado a dieta ni me he preocupado por mis hábitos alimentarios y hoy día tengo el peso que deseo.

Mi experimento con los pensamientos prueba lo que el Dr. Wayne W. Dyer escribe en su libro *Real Magic*, que nuestros pensamientos crean nuestras experiencias. Nuestros pensamientos son muy poderosos. Si examinamos lo que ha sido de nuestra vida podemos ver lo que hemos creado. Si los doctores Maltz y Dyer están en lo cierto, nuestro cuerpo responde cada vez que decimos algo negativo acerca de nosotros mismos. Nuestro cuerpo se amolda a lo que le pedimos y cumple nuestras peticiones.

Discuto el potencial de los pensamientos positivos en mi folleto *Seven Ways to Positively Believe Yourself off the Diet Roller Coaster* al hacer referencia a las enseñanzas de los dos

Amor a uno mismo... ¿Qué nos impide tenerlo?

autores que acabo de mencionar. Trato de convencer a mis lectores que si no dejan de decir y de pensar que son gordos y que tienen que perder peso, van a obtener el mismo resultado que si se pegaran a las caderas la comida que están a punto de comerse. Estas palabras de gordura son poderosas y surgen de pensamientos autodestructivos que dan al que hace una dieta lo opuesto de lo que realmente desea.

Cuando tenemos pensamientos negativos sobre nosotros mismos, abrimos una vía para que vuelvan hacia nosotros del mundo exterior. Si queremos que terminen nuestras experiencias autodestructivas tenemos que dejar de hablarnos negativamente. Quedaremos sorprendidos si comenzamos a ser conscientes de lo negativo que sale de nuestra boca o de lo que pasa por nuestra mente. Tenemos que dejar de decir que no tenemos suficiente dinero, que estamos perdiendo la cabeza (esto es algo que yo digo) o que somos estúpidos. Si podemos parar esta conducta poco saludable, podemos simplemente cambiar nuestras experiencias negativas por unas positivas. ¡Las afirmaciones son así de poderosas!

Podemos comenzar a cambiar nuestros pensamientos positivos al ser conscientes de ellos. Cuando un pensamiento negativo pase por nuestra mente, podemos transformarlo en uno positivo. El Dr. Dyer sugiere que no usemos nada que sea negativo. Un ejemplo sería que en vez de decir, "no estoy perdiendo la cabeza", digas "mi mente está más clara". Suena tonto, pero esta fue una frase que tuve que cambiar.

Las conversaciones negativas (que vienen de pensar negativamente) están en todas partes. Las oímos donde quiera que vamos. Mi ex-jefe solía decir algo maravilloso, "Lo que sale de tu boca, entra en tu vida".

Vayamos un paso más allá... ¿Qué pensamientos negativos del pasado crean las experiencias negativas que tienes hoy? ¿Qué

Aprender a ser tú mismo; comienza en tu interior

pensamientos positivos necesitas para crear la vida que quieres tener mañana? Puede que esto suene simplista, pero hay ejemplos de esta creencia que se basan en datos científicos, según aparece en el libro, *Psycho-cybernetics* de Multz, y en creencias espirituales, como aparece en el libro *Real Magic* del Dr. Dyer. Cuando nos digamos cosas positivas, debemos mirarnos en el espejo y decir "Te amo". Señálate cuando digas "Yo" y luego señala a tu reflejo cuando digas "a ti" y repite "Yo te amo a ti". Cántalo si quieres. Mírate fijamente a los ojos y di "Te amo". Las afirmaciones pueden ayudarnos a llegar a un lugar donde realmente nos amemos desde lo más íntimo. Al amarnos podemos comenzar a sentir paz, alegría y felicidad. Llegó el momento de dejar de huir de nosotros mismos y de comenzar a identificar lo que sentimos sobre quiénes somos.

Descubrí que las creencias sobre el pecado y el castigo pueden hacer que no recibamos las respuestas a nuestras oraciones. Las afirmaciones son una forma magnífica de descubrir algunas de esas viejas creencias limitativas. Al comenzar a decirnos cosas positivas, y me refiero a hacerlo mientras nos miramos al espejo, esas creencias negativas escondidas van a aparecer en nuestras mentes. Julia Cameron en su libro *The Artists Way* los identifica como pensamientos que surgen sin querer. Ella aconseja escribirlos para descubrir de dónde surgieron y así transformarlos en verdades positivas. En su libro *Real Magic*, el Dr. Dyer sugiere que digamos las afirmaciones independientemente de si las creemos o no. En su libro *You Can Heal Your Life*, Louise Hay escribe que mirarse al espejo y decirse cosas positivas es una herramienta poderosa. Louise señala que, cuando niños, gran parte de la información negativa que recibimos fue de alguien que nos miraba a los ojos. Podemos revertir esos mensajes al mirarnos a los ojos y decirnos cosas positivas sobre nosotros mismos. Todos los maestros que

Amor a uno mismo... ¿Qué nos impide tenerlo?

creen en las afirmaciones nos alientan a que vayamos más allá de lo que pensamos que es suficiente y nos repitamos los mensajes positivos muchas veces. La mayoría de nosotros tiene muchas creencias negativas que cambiar.

Después de leer *Real Magic*, escribí una lista de afirmaciones y las puse en una gaveta junto a mi maquillaje. Cuando sacaba el maquillaje, sacaba también las afirmaciones. Cuando se me ocurrían pensamientos positivos que quería incluir en mi vida, los añadía a la lista. Le advertí a mi esposo que tal vez me escucharía hablar sola mientras estaba en el baño, pero que no se preocupara si sucedía. Me llevaba mi lista a viajes de negocios. Algunas de mis afirmaciones las tomé del libro de Louise L. Hay, *You Can Heal Your Life*. Estas son algunas de las que aparecen en mi lista.

- **Mis deseos y mis necesidades son satisfechos siempre.**
- **Estoy dispuesta a dejar ir la dificultad y aprender mis lecciones tranquilamente.**
- **La inteligencia divina me da todas las ideas que puedo utilizar.**
- **Todo lo que toco es exitoso.**
- **Hay suficiente para todos, incluyéndome.**
- **Soy bendecida más allá de mis sueñs más preciados.**
- **Hay muchos clientes que necesitan los servicios que ofrezco.**

¿Qué sucedió en mi vida una vez comencé a decir afirmaciones? Comencé a creer en mí misma. Le pedí al Universo que me revelara mi misión en la vida. Aparecieron maestros en un orden perfecto, tanto libros como personas. Uno de mis primeros maestros fue una persona que conocí en el trabajo, Arlene Chemers. Hacía muchos años que no hablaba con Arlene. Logré contactarla luego de una serie de

Aprender a ser tú mismo; comienza en tu interior

llamadas telefónicas. Cuando le dije porqué la había llamado, me habló sobre su propósito en la vida. Para sorpresa y agrado de ambas, me explicó que aún no había comenzado a ejercer su verdadera vocación, que era ofrecer apoyo y aliento a través de seminarios a personas como yo, quienes querían encontrar y seguir lo que su corazón les dictara. Mi llamada hizo que Arlene organizara un grupo focal. Hasta ese momento ella no había tomado acción en respuesta a lo que su corazón le dictaba. En esa sesión grupal fue donde admití ante los demás que definitivamente estaba lista para hacer un cambio en mi vida. Hablar sobre mi deseo fue un paso importante y liberador. Luego de ese grupo focal, continuaron apareciendo en mi vida libros y experiencias hasta que llegó la respuesta que buscaba. Como mencioné anteriormente, el libro que estás leyendo es el resultado y espero continuar ofreciendo entrenamientos, seminarios y charlas de motivación.

Gracias a estas experiencias comencé a creer en lo que Deepak Chopra escribió en su libro *Seven Spiritual Laws of Success*. En la ley número siete sobre el Dharma, el Dr. Chopra enseña que todos tenemos un propósito, algo que hacemos mejor que cualquier otra persona en el mundo. Ahora estoy escribiendo sobre mis experiencias y publicando este libro porque sé que este libro te encontrará gracias al apoyo compasivo del Creador. Escribir este libro ha contribuido con mi curación y espero que tu curación comience o continúe a medida que lo lees.

Después de lograr amarnos gracias a las afirmaciones, tenemos que cuidarnos para demostrarnos ese amor que acabamos de encontrar. Nuestra relación con nosotros mismos se extiende a aquellos que nos rodean. Si no sabemos tratarnos con amor sincero y bondad, no podremos tratar a los demás con amor sincero y bondad. Si no nos honramos y nos respetamos, los demás no nos honrarán ni nos respetarán.

Amor a uno mismo... ¿Qué nos impide tenerlo?

Muchos de nosotros no estamos acostumbrados a cuidarnos. La mayor parte de nuestra vida hemos cuidado a los que nos rodean. Nos preocupa que si nos cuidamos seremos egoístas. Puede que a veces nos sintamos culpables por cuidarnos cuando en realidad es el mejor regalo que podemos darnos y dar a los que nos rodean.

Date algo especial todos los días. Este fue el consejo que me dio una persona espiritual luego de que le dije que había dado mucho y que estaba lista para recibir. Para mí, ella era un ángel humano.

Nos podemos dedicar tiempo. Julia Cameron aconseja en su libro *The Artists Way* que hagamos una cita de artista una vez en semana. Julia sugiere que la planifiquemos con tiempo para asegurarnos de que tenemos tiempo disponible para complacernos y complacer a nuestro artista interior. Ella también sugiere que nos propongamos resistir la tentación de llevar a una tercera persona.

Además de hacernos regalos o sacar tiempo para una cita, estas son algunas ideas para cuidarnos: Sumerge los pies en agua tibia, toma un baño en la tina con aceites aromáticos, ve al cine, alquila una película que hace tiempo quieres ver, pon tu disco compacto favorito y baila en la sala, sal a pasear y presta atención a la madre naturaleza, tóma un café mientras lees un buen libro, come tu comida favorita. ¿Mi actividad favorita? Hacer gelatina y tomármela antes de que cuaje.

Encuentra lo que te satisface y hazlo regularmente. ¡Te lo mereces!

A medida que logramos amarnos tenemos que ser conscientes de que nuestra imaginación es una herramienta poderosa. Añádele sentimientos a la imaginación y será aún más poderosa. Muchas veces repasamos en nuestra mente sentimientos de coraje y dolor una y otra vez para justificar su

Aprender a ser tú mismo; comienza en tu interior

validez y nuestro derecho a sentirlos. Tanto los pensamientos positivos como los negativos pueden cambiar nuestra vida.

Durante una sesión familiar en el Centro de Tratamiento, el consejero presentó una "tabla de sentimientos"; un papel lleno de expresiones faciales dibujadas en unos círculos. Esta hoja fue creada para ayudar a personas como nosotros a identificar nuestros sentimientos. Muchos de nosotros nunca habíamos identificado nuestros propios sentimientos, pues estábamos demasiado ocupados con los sentimientos de los que nos rodeaban. Nos habíamos involucrado tanto en las vidas de nuestros seres queridos que abandonamos nuestros sentimientos para cuidar y ayudar a los que amábamos con sus sentimientos.

Uno de los días experimenté emociones muy fuertes. Le dije a mi amiga Queen que me preocupaba que fuera a llorar en cualquier momento. Ella me recordó que nuestros sentimientos son lo que nos indican que realmente estamos vivos. Cubrió su cuerpo con una frisa imaginaria y escondió su cabeza en ella para demostrarme cómo le gustaba vivir y sentir sus emociones. ¡Para Queen, los días llenos de emoción son una oportunidad de celebrar la vida! Un sencillo cambio de percepción puede darnos la oportunidad de encontrar placer en todas las experiencias de la vida.

La "tabla de sentimientos" que mencioné anteriormente puede parecer tonta o graciosa, pero para mí tenía un uso válido. Si no tenemos una "tabla de sentimientos" que nos ayude a identificar los sentimientos o emociones, podemos pedirle ayuda a nuestro Poder Supremo. Podemos escoger disolver las emociones basadas en el miedo en vez de celebrar sentirlas.

Para ayudarnos en nuestro camino hacia amarnos, podemos ser conscientes de las dos energías que hay en el mundo: amor y miedo. Cada emoción que tenemos es el resultado de una de estas dos energías.

Amor a uno mismo... ¿Qué nos impide tenerlo?

Podemos aprender a analizar nuestras emociones basadas en el miedo identificando qué miedo causó la emoción. El miedo es más tangible que nuestras emociones. Por esto se nos hace más fácil distinguir si vale la pena tener miedo. Para transformar mis miedos, imagino mi miedo en la peor situación posible, luego reconozco que incluso la peor posibilidad no sería tan mala. Podemos transmutar nuestros miedos al enfrentarnos a ellos sin juzgarlos. Podemos recordar que no hay nada que temer en este Universo. En nuestro Universo perfecto no hay una forma correcta o incorrecta de vivir. Podemos encontrar un propósito significativo en todas nuestras experiencias. Ya que tendemos a atraer aquello en lo que invertimos nuestra energía emocional, sería conveniente que disolviéramos nuestros miedos. Tengo un ejemplo de lo poderosa que puede ser la energía del miedo.

Nuestro perro schnauzer miniatura, Sebastián, se enredó en unas plantas espinosas y se le quedaron algunas espinas en el pelo de la barriga. No nos dimos cuenta de lo que había pasado hasta que ya tenía el área irritada. Mi esposo y yo teníamos que inmovilizarlo para sacar las espinas. Sebastián respondió con mucho nerviosismo a nuestro intento por tocarlo en esa área tan sensible y gritaba cuando tratábamos de que se quedara quieto. Finalmente logramos acostarlo boca arriba. Estaba temblando de miedo mientras buscábamos las espinas y las cortábamos. Su miedo era obvio para nuestra gata, Miracle, quien brincó en el sofá y lo empezó a morder. Sebastián estaba atrayendo el dolor al que le temía.

Otra emoción de la que tenemos que ser conscientes es la envidia. Hasta que descubramos el verdadero amor a nosotros mismos puede que nos veamos tentados a envidiar. Si lo hacemos estamos enviando el mensaje de que lo que tenemos no es suficiente. Estamos diciendo que nuestro Creador le ha dado

Aprender a ser tú mismo; comienza en tu interior

a otra persona algo que debía ser nuestro. No estamos confiando en los generosos regalos que nos da nuestro Creador, que son exclusivamente para nosotros y de valor para toda la creación. Cuando envidiamos, ponemos un límite a nuestras posibilidades y probabilidades. Cada uno de nosotros es una persona única con posibilidades ilimitadas y que nos pertenecen únicamente a cada uno de nosotros. ¿Por qué querríamos abandonar todas nuestras experiencias para tener la oportunidad que le corresponde a otra persona? Por el contrario, celebremos nuestras diferencias y sepamos que nuestras oportunidades nos pertenecen únicamente a nosotros, al igual que las de los demás les pertenecen a cada uno de ellos.

Capítulo 9

El poder de la manifestación

Somos capaces de hacer que nuestros deseos se manifiesten y agraciadamente, nuestro Poder Supremo sabe lo que es mejor para nuestra vida.

Hace poco dejé el lugar donde había trabajado durante veintidós años para dedicarme a una carrera totalmente diferente. Antes de descubrir el proceso que he compartido contigo en este libro, hubiera sentido miedo. Ahora puedo confiar en que mi Poder Supremo me guiará en cada paso que dé. No sé qué camino tomaré hasta que me encuentre delante de él y seguiré adelante porque acepto que es la voluntad del

Universo. Afirmaré que deseo éxito, pero tendré cuidado de no definir cómo quiero que llegue ese éxito. Cuando definimos el cómo, eliminamos las miles de posibilidades que el Universo tiene para ofrecernos. Nos limitamos cuando definimos cómo queremos las cosas.

Creo firmemente en la manifestación. Una vez comencé a preguntarle al Universo cuál era el propósito de mi vida y estaba segura de que recibiría una respuesta, mis experiencias de vida se tornaron en un milagro tras otro. Todos lo que me conocen están asombrados por los cambios que han ocurrido en mi vida en alrededor de un año y medio. Nunca he estado tan feliz. Agradezco a mi Creador diariamente por la oportunidad de sentir tanta alegría. Como escribí anteriormente, antes de poder creer y recibir, tenía que cambiar las creencias de limitación y de que no valía nada que tuve por mucho tiempo. Tú también puedes recibir los abundantes regalos del Universo.

Al entender mejor a nuestro Poder Supremo podemos aprender a confiar y aceptar los generosos regalos del Universo.

Somos capaces de hacer que nuestros deseos se manifiesten y agraciadamente, nuestro Poder Supremo sabe lo que es mejor para nuestra vida. Nuestro Poder Supremo actúa como un padre paciente que nos permite experimentar el dolor y las penas para nuestro crecimiento.

Hemos identificado algunas de las razones por las que no hemos confiado en nuestro Poder Supremo y aceptado los generosos regalos que están a nuestra disposición:

1. Puede que estemos albergando creencias limitativas sobre cuán accesible es nuestro Poder Supremo.

2. No pensábamos que éramos dignos de presentarnos ante nuestro Poder Supremo con una petición.

3. Pensamos que somos víctimas de un castigo.

4. Nuestras oraciones han recibido repuestas, pero de una forma que no reconocimos.

Después de trabajar con las creencias que impedían que recibiera el amor incondicional de mi Poder Supremo, me di cuenta de que podía pedir y recibir respuestas inmediatas. Este beneficio fue evidente hace algunos años cuando recibí una respuesta inmediata a una petición.

Estaba acostada en la cama leyendo el libro *We Dont Die* de Joel Martin y Patricia Romanowski. El libro trata sobre las facultades del médium George Anderson. George tiene la capacidad de comunicarse con personas que han muerto. Muchos familiares apenados por la muerte de alguien buscan a George cuando necesitan estar seguros de que la persona amada sí tiene vida después de la muerte. Llegué a una parte del libro que me hizo sentir un poco incómoda.

George había recibido la llamada de una mujer. Luego de muchos años de lucha, la mujer finalmente había comenzado a sentir paz en su vida, pero fue entonces cuando se enteró de que tenía cáncer. Quería que George le dijera que continuaría viviendo en el plano físico, pero George le recordó que ella ya sabía lo que ocurriría y que era inevitable.

Luego de leer esta historia, comencé a sentir miedo por mi propia muerte. Dejé de leer, cerré los ojos y pedí que el miedo desapareciera.

Poco después recordé una escena. En ella yo entraba por la puerta de atrás de la casa donde viví cuando niña en Lava Hot Springs, Idaho. Vi a mi madre y a mi perro, ambos han muerto, parados frente al fregadero de la cocina. Me miraron, pero ninguno se me acercó. Sentíamos paz al mirarnos. Yo cargaba una maleta grande y pesada. La puse

Aprender a ser tú mismo; comienza en tu interior

justo al lado de la puerta y al hacerlo sentí un gran alivio. La cocina tenía una cálida luz ámbar que hacía que experimentara sentimientos de aceptación y de paz en todo mi ser. Esta visión me dio mucho alivio, bienestar y comodidad. Sentí la gran alegría de volver a casa. Pienso que probé el sentimiento que experimentamos cuando morimos. El sentimiento fue tan agradable que quise recordar la experiencia más de una vez durante la semana siguiente. Hoy, mientras escribo sobre esta revelación, mi cuerpo se estremece al confirmar su verdad. Ya no le temo a la muerte.

¡Parece como si un día hubiera pedido una relación personal con mi Poder Supremo y en mucho menos de lo que esperaba ya bromeaba y celebraba con eso que es mi Poder Supremo!

Cuando pedimos una relación personal y la obtenemos, estamos manifestando lo que pedimos. La manifestación es la capacidad de pedir que nuestros deseos se cumplan y verlos hacerse realidad. Algunas personas llaman "oración" o "rezo" a esta técnica. Practicar la manifestación puede parecer contrario al concepto de "un plan" que describí anteriormente. Puede que pensemos: si hay un plan, entonces ¿por qué manifestar? ¿Por qué no nos relajamos y dejamos que pase lo que debe pasar en la vida? En el concepto de "un plan" somos los participantes de un plan mucho más amplio donde todas las cosas suceden para el beneficio de todos. Podemos tomar varios caminos, pero al fin y al cabo terminaremos siendo uno con la creación. Por ejemplo, puede que decidamos ir a una tienda. Esta decisión presenta muchas opciones: podemos gatear, caminar, manejar la bicicleta o guiar el automóvil. Cualquiera de estas opciones nos llevará a la tienda. Algunas opciones tomarán más tiempo y puede que otras sean más difíciles. Puede que queramos manifestar que de ahora en adelante tomaremos la ruta más fácil para llegar a la tienda.

El poder de la manifestación

Puede que a algunos de nosotros se nos haga difícil aceptar el regalo de la manifestación porque tenemos creencias definitivas sobre cómo pensamos que debe vivirse la vida. Puede que todavía juzguemos las experiencias como buenas o malas. Estas pueden ser algunas de nuestras creencias: si es fácil no vale la pena; privarse de algo es santo; la humildad nos llevará al cielo; el dinero es malo y el dinero es sucio. Si tenemos cualquiera de estas creencias y nuestros pensamientos (creencias) son los que crean nuestras experiencias, entonces estamos en un ciclo que nos llevará a tomar el camino más difícil para llegar a la tienda. Si creemos que llegar a la tienda tiene que ser difícil, o que no vale la pena ir, nuestro pensamiento (de que tiene que ser difícil) crea nuestra experiencia (llegamos a la tienda gateando). Una vez más, nuestro juicio, basado en nuestras creencias, es lo que no nos deja encontrar paz, alegría y felicidad. Nos aferramos a una vieja creencia aunque no nos haga bien. Algunos de nosotros creemos que no valemos y que merecemos ser castigados, así es que continuamos permitiéndonos tomar el camino más difícil. Las penas vienen con lecciones, pero ¿no sería mejor aprender la lección con menos dificultades e invertir la energía que nos sobra en experiencias que contribuyan con la humanidad? Todos vamos hacia el mismo lugar (la tienda), así es que ¡manifestemos que llegaremos en limosina!

Un libro excelente llegó a mi vida en el momento perfecto para ayudarme a manifestar mi propósito en la vida (mi propósito es el libro que estás leyendo). Se llama *Creating Money, Keys to Abundance* de Sanaya Roman y Duane Packer. Dos entidades, Orin y DaBen comunicaron a los autores el contenido del libro. La dedicatoria dice lo siguiente:

Aprender a ser tú mismo; comienza en tu interior

> *Al espíritu de abundancia que hay en cada uno de ustedes. Que puedas reconocer tu grandeza, descubrir tu camino y contribuir con lo que viniste a hacer.*

Este planteamiento hace que nuestra petición aparentemente egoísta de manifestar abundancia se convierta en una petición mucho más importante: ¡una petición de descubrir nuestro propósito en la vida! Nuestra petición de manifestar abundancia se convierte en una súplica de ayuda para encontrar y hacer realidad nuestro regalo a la humanidad. Este regalo sólo podemos ofrecerlo cada uno de nosotros gracias a las cualidades que nos distinguen de los demás.

Siempre he querido manifestar una contribución a la humanidad. Durante una lectura que me hizo Betty Finnas, una persona con facultades psíquicas del área de Salt Lake, le pregunté si podía ver mi misión en la vida en las cartas o en las palmas de mis manos. Me dijo que mi propósito en la vida era sentir alegría. Esto me desilusionó, pues me parecía que sentir alegría era un propósito más bien egoísta. Pensé que lo que eso significaba era que no iba a hacer ninguna contribución a la humanidad. Probablemente, ya ves lo que yo no podía ver, pues estaba demasiado cerca de la situación para poder verlo. Entendí todo esto en agosto de 1998 cuando tuve la idea de escribir este libro y de dar los seminarios/entrenamientos que siguieron. Ralfee Finn de la Avenida Vista Grande 7, Suite B-211, Santa Fe, NM 87505-9199 escribió un horóscopo que leí en el Catalyst, un periódico sobre eventos locales. Ralfee se especializa en "Transformational Astrology", (astrología que transforma).

El horóscopo decía:

> *La energía de los eclipses está sirviendo de catalítico a tu deseo de servir. Excelente. Sólo ten*

El poder de la manifestación

en mente ser auténtico en tus decisiones. Recuerda que el servicio no se trata de sacrificio. Se trata de aumentar tu alegría.

Leerlo nuevamente trae lágrimas a mis ojos. Date cuenta como todo comienza a trabajar en unísono a través de coincidencias que tienen un significado mayor. Esto prueba que hay una fuerza mucho mayor que nosotros manifestándose en nuestra vida.

Pedir que se manifiesten nuestros deseos no es ser egoísta. Olvida todos esos mitos sobre el dinero. El dinero no es malo. Es sólo una fuente externa. A pesar de que no puede ser nuestro camino hacia la paz, tampoco es malo.

En mi caso, manifestar dinero no funcionaría hasta que no aprendiera que yo era quien no permitía que llegara a mí. Yo creía en la limitación (hay sólo cierta cantidad de dinero), y en el juicio (tenía que ser buena antes de que pudiera obtenerlo.) Para sobrepasar estos dos obstáculos, tuve que cambiar mis creencias acerca del dinero. Descubrí que había evitado usar la palabra dinero en mis afirmaciones. Probablemente lo hacía porque tenía sentimientos muy arraigados de que no lo merecía.

Aun después de leer la cita que escribí en la página anterior del libro *Creating Money, Keys to Abundance* muchos de nosotros continuamos juzgando a la hora de manifestar lo que queremos. Puede que no sintamos que somos dignos de ir ante Dios y pedir que se cumplan nuestras necesidades y deseos. Puede que no nos sintamos cómodos utilizando la palabra manifestar. Algunos tal vez nos sentimos más a gusto con la palabra oración o rezo. El término manifestar puede que nos haga sentir que estamos otorgándonos el poder de creación que le corresponde a Dios. Puede que muchos de nosotros veamos el convertirnos en creadores como un sacrilegio, pero lo cierto es

Aprender a ser tú mismo; comienza en tu interior

que estamos creando nuestras experiencias con cada pensamiento que nos pasa por la mente. Sin darnos cuenta muchos de nosotros hemos creado experiencias desagradables con nuestros pensamientos y palabras negativas. Debemos darnos cuenta de que las cosas que funcionan en nuestra vida son resultado de la buena voluntad y otras cualidades positivas que poseemos. Una evaluación exhaustiva de nosotros mismos nos revelará que hemos pasado por mucho y que hay mucho por lo que debemos sentirnos orgullosos. Podríamos usar nuestro poder de creación para nuestro beneficio si comenzáramos a ser más conscientes de nuestros pensamientos. Tomar conciencia es una manera muy sencilla de cambiar nuestra vida. El Creador nos dio el poder de crear. Debemos utilizarlo sabiamente.

La creación se encuentra en nuestros pensamientos por lo que podemos manifestar cualquier cosa que podamos imaginar. Si hemos pedido algo, y creíamos que lo recibiríamos, pero no lo obtuvimos, estas son algunas de las razones por las cuales es posible que ocurriera: 1) lo obtuvimos, pero de una forma que no pudimos reconocer, 2) en nuestro interior hay una creencia contraria más fuerte que anuló nuestra petición, 3) pasará, pero más tarde en nuestra vida, 4) la petición no beneficia nuestro propósito más elevado ("el plan" para nuestra vida). No visualizo a la humanidad como niños malcriados que andan creando todo lo que desean sin importar las consecuencias. Veo a la humanidad en contacto con su Creador y formando un cuadro más amplio que un día hará sentido y nos mostrará un plan mucho más maravilloso del que pudimos haber imaginado.

Podemos usar nuestra imaginación para manifestar aquello que nos beneficia. Ella nos ha traído a este punto, incluso con lo negativo que percibimos. Es importante que confiemos en que somos uno con el Creador. Tenemos el poder de usar nuestra

El poder de la manifestación

imaginación para crear el bien en nuestra vida ahora mismo. No hay tal cosa como ser o no ser merecedor de algo. Según mencioné anteriormente, el libro *Creating Money, Keys to Abundance* me dio la información que necesitaba para hacer de mi libro una realidad. En el libro, mediante los autores Sanaya Roman y Duane Packer, las entidades Orin y Daben han dicho que podemos ayudar a que nuestras oraciones se hagan realidad al imaginar los sentimientos que esperamos tener cuando recibamos la respuesta. Ellos sugieren que tomemos prestados los sentimientos de una experiencia pasada y usemos nuestra imaginación para sentirlos mientras manifestamos/oramos. Yo necesitaba dinero y tiempo para escribir y publicar por mi cuenta este libro. El sentimiento que necesitaba era uno de logro. Tomé prestado el sentimiento que experimento cuando me pagan por los servicios que ofrezco. Imaginaba ese sentimiento de logro mientras escribía cheques imaginarios por los costos de publicación con dinero de una cuenta que tenía abundantes fondos. Usaba el mismo sentimiento de logro mientras imaginaba el libro terminado en la librería. Algo extraordinario ocurrió. A fines de octubre de 1998, mi supervisor nos dijo a mis cuatro compañeros de trabajo y a mí que la gerencia había decidido eliminar un coordinador de nuestro departamento en Salt Lake City. Ofreció una cuantiosa indemnización al empleado que estuviera dispuesto a irse. La oferta se basaba en el número de años en el empleo. Mientras más años, más cuantiosa la oferta. Tomar la decisión de irme luego de veintidós años me daba miedo. Pero la oferta parecía la respuesta a mis oraciones. Si me iba, tendría el tiempo que necesitaba para terminar mi libro y concentrarme en mi negocio mientras recibía una remuneración. Si decidía quedarme, mi decisión hubiera estado basada en el miedo y fundada en la creencia de que la compañía era más capaz de suplir mis

Aprender a ser tú mismo; comienza en tu interior

necesidades que el Universo. Si me quedaba, le hubiera enviado al Universo el poderoso mensaje de que no confiaba en su capacidad de dar con generosidad. Esta oportunidad fue un recordatorio increíble de las posibilidades y probabilidades ilimitadas del Universo. Jamás me hubiera imaginado (mientras usaba los sentimientos de logro para manifestar lo que quería) que iba a estar ante una oferta como esa. Cuando pedí ayuda, imaginé que tendría a mi disposición los recursos para escribir el libro. Permití que el Universo fuera quien decidiera cómo ocurriría. Estaba sorprendida y fascinada con la oferta. La misma me ayudó a entender que este libro es un paso importante que debo tomar en este momento de mi vida.

Muchas veces, al tener presentes sentimientos negativos y repetirlos una y otra vez manifestamos penas en nuestra vida. Ya que los sentimientos y la imaginación son una combinación poderosa, esta práctica puede causar resultados devastadores. Antes me concentraba en los aspectos negativos de que mi esposo bebiera. No veía nada más que lo negativo. Ahora que sé cuán poderosos son mis pensamientos trato de ser consciente de ellos y procuro que sean positivos.

Intercambia lo negativo por lo positivo. ¡Cambiará tu vida!

La respuesta a tu manifestación/oración puede llegar de una forma que parezca contraria a la petición. Por ejemplo, mi hija oraba por una relación divina y se sorprendió cuando su esposo le pidió el divorcio. La ruptura fue devastadora en un principio, pero poco después se dio cuenta de que esa unión no era lo mejor para ella. No obtuvo la respuesta que esperaba, pero sí la mejor respuesta para ella.

Cuando mi hija pidió que algo se manifestara, no le dijo al Universo cómo pensaba que su oración debía ser contestada. Cuando manifestamos de esta manera, permitimos que el

El poder de la manifestación

Universo nos lleve por el camino más beneficio para todos los que están involucrados.

Hemos hablado del generoso regalo de tener una relación íntima con nuestro Poder Supremo. Hemos discutido que nuestro Poder Supremo está deseoso de ayudarnos a manifestar lo que queremos. Ahora es el momento de dar las gracias. Si los pensamientos positivos son poderosos, imagínate cuán poderoso es expresar gratitud. La mejor parte es que es fácil y que podemos dar las gracias a nuestro Creador en cualquier momento. Dar las gracias es sumamente sanador. Tengo un gran maestro; una entidad llamada PTaah. He estudiado las enseñanzas de PTaah gracias a Jani King, y su primer libro *An Act of Faith*, su segundo libro *Transformation of the Species* y sus casetes y sesiones.

Las enseñanzas de PTaah son muy positivas y pueden cambiar vidas. Están llenas de la buena noticia de que el Universo es uno, que la creación está en proceso de creación y que cada uno de nosotros es una parte integral de ese todo.

La enseñanza más reciente de PTaah trataba de gratitud. Él sugiere que cantemos dando gracias todas las mañanas mientras nos duchamos. Dice que el agua es cristalina y magnifica grandemente.

Cuando me despierto deprimida o triste, comienzo mi día dando gracias a la creación por lo bueno que me rodea. Agradezco a mi Creador por mi vida, mi familia, mis animales, mi salud, mis retos, mis lecciones, la belleza de la Madre Naturaleza, mi capacidad de sustentar mi familia, mi bello hogar, y los medios que me permiten pagarlo. Me agrada tomar conciencia del agua tibia que corre por mi cuerpo, dar gracias por ella y por la manera en que me hace sentir. Espero que te haya alentado a pensar en todas las cosas por las que estás agradecido y a recordar dar las gracias por ellas.

Capítulo 10

Verdades universales que pueden afectar tu vida.

Si la mayoría piensa de cierta manera, tendemos a cuestionar nuestra propia forma de pensar.

Es posible vivir una creencia aceptada por la mayoría de la gente, pero no necesariamente tenemos que vivirla nosotros. Las ideas o miedos de la mayoría pueden afectarnos sin ni siquiera darnos cuenta de ello. La creencia común puede ser contraria a lo que pensamos que creemos, pero es lo que continuamos oyendo por parte de las personas a nuestro alrededor.

Aprender a ser tú mismo; comienza en tu interior

Si la mayoría piensa de cierta manera, tendemos a cuestionar nuestra propia forma de pensar. Un grupo de personas puede reaccionar de cierta manera, pero uno de los miembros de ese grupo puede que nunca considere actuar así estando sólo. El motín que ocurrió después del juicio de Rodney King en Los Angeles es un ejemplo perfecto de la fuerte influencia de las creencias comunes. Nosotros le llamamos "mentalidad de grupo".

Durante mi carrera me enteré de lo que eran las creencias de la mayoría. En ocasiones me he dado cuenta de que he pensado como la mayoría. He abogado por la igualdad entre los sexos. Al mismo tiempo he creído que el trato desigual entre los sexos aún prevalece. Mis experiencias de vida se han manifestado de acuerdo a esa creencia muchas veces y por ende continuaba atrayendo experiencias de desigualdad. A pesar de creer en la igualdad, en ocasiones he contemplado la idea de que el hombre tiene que recibir más paga porque es el jefe de la familia. No tenía sentido que tuviera ese pensamiento, porque en ese momento yo también era la jefa de la familia. Esas ideas venían de algún lugar fuera de mí. ¿Obtuve la idea de la energía que predominaba a mi alrededor o la escuché en algún lugar? De cualquier manera, las creencias de la mayoría son poderosas.

Para combatir estas creencias, y mi creencia en la desigualdad de los sexos, hice un experimento. Comencé a decirme a mí misma que me pagaban de acuerdo a la contribución que hacía a la compañía. En un mes me promovieron y mi afirmación se cumplió. Nuestros pensamientos crean nuestras experiencias.

Otra verdad universal es que no podemos escapar del hecho de que cada uno de nosotros es parte de la creación. Aunque escojamos el camino difícil, nuestro amoroso Creador nos "salvará" y nos guiará a nuestro lugar dentro de toda la creación.

Verdades universales que pueden afectar tu vida.

Hay un plan maestro dirigido por nuestro Poder Supremo y nuestras "equivocaciones" son meramente experiencias de crecimiento que nos preparan para ocupar nuestro lugar dentro del plan maestro. Como parte de la creación, todas las cosas funcionan en conjunto, nuestra posición geográfica, nuestros padres y la época en la que nacemos. Todos son piezas de un esquema global. Todas las personas con las que nos relacionamos también son actores del mismo drama y ellos también están aprendiendo las lecciones de vida que necesitan aprender en esta vida. Este es un concepto difícil de aceptar con nuestro cerebro físico. Puede que nos preguntemos cómo es que todo puede funcionar en conjunto para el bien de todos.

Un ejemplo del "todo" en la creación son nuestras funciones corporales. Nuestro cuerpo está hecho de millones de células que funcionan juntas para darnos vida. De la misma manera, el Universo es una sola creación y nosotros estamos desempeñando el papel de "célula universal" para darle vida a la creación.

Como parte de un todo que compone la creación, las lecciones que necesitamos aprender antes de ocupar nuestro lugar en ese todo ocurren a diario. Las personas que necesitamos para aprender las lecciones se acercan a nuestras vidas. Si decidimos no aprender las lecciones, los sucesos continuarán apareciendo en nuestra vida hasta que aprendamos lo que tenemos que aprender. En un principio, puede que nuestras experiencias de vida sean relativamente fáciles de aprender, pero a medida que nos resistimos a asumir responsabilidades culpando a los que nos rodean, las lecciones continuarán apareciendo y serán cada vez más intensas.

Como has leído hasta ahora, yo me rebelé ante la tarea de aprender mi lección de vida y prolongué mi experiencia de crecimiento. No es necesario que tengamos una existencia dolorosa durante muchos años de nuestra vida. Podemos pedirle

Aprender a ser tú mismo; comienza en tu interior

a nuestro Poder Supremo ahora mismo que nos dé la capacidad de aprender nuestras lecciones de vida con menos dificultad. También hay otra verdad universal que interpretamos como coincidencias que tienen un significado especial (sincronía.) Estas coincidencias ocurren en nuestra vida en todo momento. Los sucesos y las personas en mi vida se han presentado en sincronía para traerme a donde estoy ahora mismo. Creer que todo funciona en conjunto para el beneficio de todos nos permite realmente ver la sincronía. Algunos de nosotros no nos damos cuenta de estas experiencias con significados especiales porque no hemos creído en "un plan". Hemos vivido las coincidencias pero hemos creído que son producto de la suerte. Prestar atención a las coincidencias significativas puede convertirse en una excitante aventura. Cada una es una pieza en un rompecabezas que se va armando hasta crear una imagen llena de significado.

Les contaré un interesante ejemplo de sincronía. En una ocasión se me olvidó el cumpleaños de mi buena amiga Chris. Para reparar mi olvido quería regalarle algo especial. Me comuniqué con mi amiga Carol Wheat y le pregunté si tenía consigo los aretes que ella misma confeccionaba. Me dijo que no, pero que me los llevaría el jueves. Me llamó un día antes, el miércoles, y me dijo que tenía los aretes ese día. Yo tenía un traje de Chris en mente, pero me preocupaba no poder acordarme de los colores exactos. ¡Pasé por su casa y tenía puesto el traje ese día! Más tarde, cuando metí la mano en la caja de aretes que me había llevado Carol, el primero que saqué tenía exactamente los colores que buscaba y no era una combinación típica de colores. Le dije a Carol que quería esos colores pero que no me gustaba ese par de aretes en específico. Ella buscó en la caja y sacó un segundo par y entonces dije: "¡Perfecto!". Le regalé los aretes a Chris y le encantaron. Me dijo que esa mañana al ponerse el traje pensó que necesitaba un par de aretes que le hicieran juego. Era

Verdades universales que pueden afectar tu vida.

como si los aretes hubieran sido hechos especialmente para ella y, conociendo la naturaleza espiritual de Carol, probablemente era cierto. ¡Eso es sincronía! Los aretes de Carol no son sólo preciosos sino que ella llena cada par con la energía positiva que emana de su espíritu.

Es divertido comenzar a observar los sucesos de nuestra vida. Podemos preguntarle a nuestro Poder Supremo a dónde nos están dirigiendo. Podemos darle gracias al Universo por la aventura que nos ofrecen.

Hasta ahora en este libro te he contado muchas historias para ayudarte a abrir tu mente a la fuente de paz, alegría y felicidad disponibles para tu vida. De la misma manera que el Universo nos necesita a cada uno de nosotros para hacer un todo, nosotros tenemos que incorporar nuestra mente, cuerpo y espíritu para sentirnos completos. La siguiente sección incluye ideas para unir la mente, el cuerpo y el espíritu.

Capítulo 11

Mente, cuerpo y espíritu

La comunión con nuestro Poder Supremo está a nuestro alcance y no cuesta un centavo. Lo único que tenemos que hacer es creer.

Una parte importante de ser humanos es incorporar nuestra mente, cuerpo y espíritu para así ser personas completas. Tradicionalmente, en la parte occidental del mundo no se nos ha enseñado que existe una conexión entre estos tres elementos. Sin embargo, las culturas antiguas han creído en esta conexión durante siglos. A medida que los costos médicos aumentan, las prácticas alternas han comenzado a convertirse en una opción para el cuidado de la salud. Muchas de las prácticas alternas consisten en medidas preventivas para ayudar a mantener nuestra mente, cuerpo y espíritu saludables.

Aprender a ser tú mismo; comienza en tu interior

En su audio casete *Four Levels of Healing*, la maestra espiritual Shakti Gawain piensa que las afirmaciones que se hacen superficialmente no nos brindan el nivel de curación que necesitamos para la salud física, mental, emocional y espiritual. En su audio casete, ella guía al escucha a través de un camino de descubrimiento con ejercicios para descubrir las creencias enterradas y las reglas que hemos creado a lo largo de nuestra vida. Luego de cada ejercicio, Shakti lleva al escucha a una meditación para implementar las nuevas creencias y reglas. Recomiendo los audio casetes y los muchos libros llenos de inspiración de Shakti.

Una gran cantidad de maestros creen que las afirmaciones son una buena opción para comenzar. Las afirmaciones son fáciles de implementar y si van en contra de nuestras creencias más arraigadas, nuestras verdaderas creencias comenzarán a manifestarse. En lo más íntimo de nuestro ser tendemos a confrontar resistencia al decir una cosa cuando en realidad creemos otra. Al comenzar un régimen de afirmaciones, puede que comiencen a darse situaciones incómodas en nuestras vidas. Estamos deshaciéndonos de lo viejo para dar lugar a lo nuevo.

La parte invisible de nosotros sabe lo que tiene que descartarse. La misma está disponible para ayudarnos a medida que caminamos hacia la curación y la recuperación.

Hoy día todos los maestros espirituales sugieren la meditación como una manera de conectarnos con nuestro Ser Supremo o Espíritu. La comunicación con seres invisibles es posible gracias a la meditación. Deepak Chopra sugiere que meditemos dos veces al día durante treinta minutos. Al igual que ocurre con todas las enseñanzas espirituales, debemos escuchar a nuestro Poder Supremo para que éste nos dirija a seleccionar lo mejor para cada uno de nosotros.

Puede que algunos vean la meditación y la oración como una sola cosa. Sin embargo, durante la meditación, la mente está libre de todo pensamiento. Por otro lado, la oración es una comunión con nuestro Poder Supremo. Usa la oración para tener esa comunión y la meditación para escuchar la guía de nuestro Poder Supremo.

Me he dado cuenta de que cuando estoy ocupada en una tarea que no requiere un pensamiento consciente, recibo guía e inspiración del espíritu. Experimento momentos de claridad maravillosos mientras tomo un baño o una ducha y justo después de bañarme. Hasta me he llevado una libreta y un bolígrafo al baño para no olvidarme de nada. La comunión con nuestro Poder Supremo está a nuestra disposición y no cuesta un centavo. Todo lo que tenemos que hacer es creer.

El espíritu necesita que haya una comunión con la mente.

Puede parecer que ya hemos llevado nuestra mente a esa unión entre la mente, el cuerpo y el espíritu. Pero nuestra cultura está impregnada con la creencia en la individualidad. A pesar de que cada uno de nosotros necesita celebrar nuestra individualidad, también tenemos que celebrar nuestro lugar como parte de la creación.

De la misma manera en que nos separamos de la creación, separamos la mente del cuerpo y del espíritu. Esta perspectiva se refleja en la medicina occidental. A pesar de lo que hemos aprendido sobre nuestra salud física, es necesario que la mente, el cuerpo y el espíritu trabajen juntos para lograr la salud completa. ¿Cuándo fue la última vez que nuestra mente habló con nuestro cuerpo? Cuándo habló realmente con las células, visualizó los riñones saludables, le preguntó al hígado cómo estaba, le recordó al estómago lo importante que es su trabajo. Hablarle a nuestro cuerpo puede sonar tonto, pero los mensajes

Aprender a ser tú mismo; comienza en tu interior

que nuestro cuerpo escucha hoy día de nuestra cultura tratan sobre mortalidad y deterioro. Lee el libro *Ageless Body Tímeles Mind* del Dr. Deepak Chopra para unir la mente, el cuerpo y el espíritu a través de una comunicación interna. Sin necesidad de teléfonos.

En su libro *You Can Heal Your Life* Louis L. Hay cree que todas las enfermedades ocurren porque no hemos perdonado algo. Al igual que cualquier experiencia en nuestra vida, las enfermedades ocurren para enseñarnos algo. Si Louise está en lo cierto, piensa en lo fácil que se nos haría comenzar a mejorar nuestra salud. Simplemente debemos descubrir lo que tenemos que perdonar en nuestra vida. Puede que muchos de nosotros necesitemos horas a solas para descubrir aquello que no hemos perdonado. De la misma manera que enterramos creencias limitativas, también enterramos resentimientos.

Louise recibió inspiración para crear una lista de diferentes enfermedades. Incluyó en su lista la razón para la enfermedad y la afirmación que se debe repetir para facilitar un cambio de creencias. Louise sugiere que si no sentimos que la causa es la correcta, consultemos con nuestro Poder Supremo para obtener la respuesta correcta. Louise probó su teoría al disolver el cáncer en su propio cuerpo.

El Hatha Yoga puede ayudar a mantener un cuerpo que no sólo sea saludable sino que sea un placer vivir en él. Yo he practicado el Hatha Yoga durante varios años. Aún soy una principiante pero eso no me impide practicarlo. Esta puede ser una buena alternativa a los ejercicios tradicionales. Es maravilloso sentir los estiramientos del Hatha Yoga.

Me he fijado que mi perro hace estiramientos que equivalen a dos posiciones de yoga. Decidí que sería sabio hacer varios de estos estiramientos cinco mañanas a la semana. Aunque mi rutina no se compara con la de mi perro, ya que éste practica los estiramientos cada vez que se levanta, al menos es un buen comienzo.

La acupresión también es una solución alternativa que podemos hacer en casa para el cuidado de la salud. Funciona con los mismos principios de la acupuntura pero en vez de agujas se utilizan las puntas de los dedos. La acupresión es una antigua técnica china. Se usan las puntas de los dedos para presionar suavemente en puntos específicos que corresponden a dolencias específicas en el cuerpo. La acupresión es una forma de autotratamiento. Si se utiliza correctamente, ayuda al cuerpo a deshacerse de tensión y promueve la circulación sanguínea, todo esto contribuye con la habilidad natural del cuerpo de mantener la salud.

Yo practico las técnicas de acupresión todas las mañanas para aliviar los síntomas del síndrome premenstrual (PMS, por sus siglas en inglés). Le dije a mi médico que había encontrado alivio para mi PMS sin usar drogas recetadas o cirugía. En vez de alegrarse, mi médico tenía miedo de que estuviera haciéndole daño a mi cuerpo. Las técnicas de la medicina occidental se basan muchas veces en el miedo.

En ocasiones es necesaria la atención médica que provee la medicina occidental. Te sugiero que añadas lo que sea necesario a tu rutina médica y confíes en la habilidad de tu cuerpo de recuperarse.

Nuestro cuerpo puede ayudarnos a mantener una buena salud. A muchos de los que vivimos en el Occidente no se nos ha enseñado esta valiosa creencia. Hemos separado la mente del cuerpo y enviado el poderoso mensaje a nuestro cuerpo de que no confiamos en sus habilidades.

Podemos escuchar las señales que nos da el cuerpo. Él nos avisa cuándo estamos recibiendo información espiritual importante. Mi señal son escalofríos que recorren todo mi

Aprender a ser tú mismo; comienza en tu interior

cuerpo. Para una amiga mía, son cosquillas en la nuca. Tú también puedes familiarizarte con tu señal.

También podemos abrir nuestra mente a lo que sucede en el plano espiritual al ser conscientes de nuestro ambiente y cómo podemos utilizarlo para nuestro beneficio.

Capítulo 12

Nuestro ambiente

Cuando "pones tu casa en orden" es como si descubrieras todo un ejército de ayudantes que no sabías que estaban a tu disposición.
—Karen Kingston
Creating a Sacred Space with Feng Shui

Los maestros de los principios chinos del Feng Shui, que significa "viento y agua", creen que podemos crear armonía con la naturaleza al colocar de forma balanceada los objetos que nos rodean. En su libro *Creating Sacred Space With Feng Shui* Karen Kingston escribe:

Aprender a ser tú mismo; comienza en tu interior

Cuando "pones tu casa en orden" es como si descubrieras todo un ejército de ayudantes que no sabías que estaban a tu disposición. Karen dedica un capítulo entero a limpiar los lugares atestados de cosas. Ella cree que la energía puede estancarse y que recoger estos lugares puede hacer que se mueva nuevamente. Nos indica que evitar el desorden es una manera de ayudarnos a salir de estancamientos.

Las enseñanzas del Feng Shui tienen lógica. Si siguiéramos el Feng Shui nunca colocaríamos el escritorio de manera que dé la espalda a la entrada. Cuando hago trámites de negocios me llevo una mejor impresión de la persona sentada detrás de un escritorio mirando hacia la entrada de la oficina o cubículo. No sólo me llevo una mejor impresión, sino que la otra persona se siente más importante. Además, si el escritorio mira hacia la entrada, los visitantes no sorprenderán a la persona que está sentada tras él.

Puede que no podamos hacer nada en cuanto al espacio que ocupamos en el trabajo, pero podemos incorporar algunos principios del Feng Shui en el hogar. Recoger los lugares atestados de cosas es una manera sencilla de obtener energía. ¡Encontraremos ese ejército de ayudantes del que habla Karen!

Podemos ver los beneficios del Feng Shui aunque no creamos en sus enseñanzas. Nos sentiremos mejor cuando limpiemos nuestras gavetas y clósets. Se siente bien cuando todo está organizado y en su lugar.

Si queremos comprar algo nuevo, podemos crearle un espacio al deshacernos de algo que no necesitamos o ya no usamos. Dona todo lo que aún está en buenas condiciones.

Nuestro ambiente

De la misma manera que el Feng Shui sugiere que hay una energía invisible que es afectada por los objetos inanimados, también hay seres vivientes que afectan nuestros alrededores. Las plantas saben quiénes somos. Cuando les hablamos, ellas nos contestan, no verbalmente sino con energía de paz. Mi esposo cuida las plantas en nuestro hogar. Todas nuestras plantas están saludables con hojas verdes. Parece como si disfrutaran de lo lindo cuando mi esposo las riega y luego mueve sus hojas con sus grandes manos. Nuestras plantas despiden un aura de mucho cariño hacia mi esposo.

En el libro *Cómo ver y leer el aura* el autor Ted Andrews sugiere que abrazar árboles es muy terapéutico. Puede que escojamos hacerlo en la privacidad de nuestro patio o en el silencio de un bosque.

Capítulo 13

Verdades sencillas

La salud y bienestar interior surtirán efecto y cambiarán nuestras circunstancias externas de manera tan completa que parecerá un milagro.

A lo largo de este libro mi intención fue relatar cómo llegué a captar las siguientes diez revelaciones, las cuales me ha tomado años descubrir y entender. Para concluir, las repasaré una por una:

1. Yo contribuía a que se dieran las conductas poco saludables.

Si leíste todo el libro esta es bastante obvia. ¿Te pasaba lo mismo que a mí?

Aprender a ser tú mismo; comienza en tu interior

2. Yo también necesitaba recuperación y curación.

Cómo habrás notado al leer sobre mi experiencia, nunca es tarde para comenzar a sanar y recuperarse. El primer paso es tomar conciencia y admitir la necesidad de curación y recuperación.

3. Mis creencias no me dejaban sentir alegría.

Nuestra realidad está basada en nuestras creencias y algunas de ellas ya no contribuyen a nuestro bienestar. Para cambiar nuestra vida podemos sencillamente encontrar y eliminar estas creencias limitativas.

4. Si no me amo, no puedo dar amor.

Esta es una de las verdades más importantes. Podemos comenzar a encontrar amor hacia nosotros mismos, una vez descubramos y cambiemos nuestras creencias limitativas.

5. Tengo el poder de cambiar las creencias que ya no me funcionan.

Una vez entendamos de dónde vinieron nuestras creencias limitativas y por qué ya no funcionan para crear nuestro bienestar, podemos sustituirlas por verdades positivas.

6. Mis pensamientos crean mis experiencias.

Podemos comenzar a darnos cuenta de nuestros pensamientos negativos y así transformarlos en pensamientos positivos. Luego podemos relajarnos y ver cómo esos pensamientos positivos cambian nuestra vida de maneras positivas.

7. Tengo control total sobre mis pensamientos.

No podemos controlar lo externo, pero sí debemos darle atención especial a nuestro interior. En nuestro interior encontraremos todas las respuestas.

Verdades sencillas

8. No tengo control sobre las acciones de los demás.

Espero haberte ayudado a entender lo inútil que resulta tratar de controlar nuestras circunstancias externas. Las circunstancias externas responden a muchas variables y no controlamos ninguna de ellas. La alternativa a controlar lo externo es la comprensión y curación interiores. La salud y bienestar interiores surtirán efecto y cambiarán nuestras circunstancias externas de forma tan completa que parecerá un milagro.

9. Todo trabaja en conjunto para un fin.

Si confiamos en nuestro Poder Supremo podemos comenzar a apreciar nuestro lugar en el plan universal donde todo trabaja en conjunto para bien.

10. Las penas no desaparecen, se convierten en aventuras.

Toda nuestra existencia puede cambiar para mejor si comenzamos a ver las penas como retos y aventuras.

Capítulo 14

Mi creencia

Este plan es mayor que nuestro mundo físico, pero cabe en nuestros corazones. Mi oración es que encuentres, paz, alegría y felicidad.

Yo creo en un plan maestro. Este plan es mayor que nuestro mundo físico, pero cabe en nuestros corazones. Creo que todos podemos encontrar paz, alegría y felicidad. Estos tres preciados regalos son gratis y nuestro compasivo Creador nos los ofrece. Nuestras creencias limitativas son las que nos impiden recibir lo que nos corresponde por el sólo hecho de haber nacido. Podemos cambiar nuestras creencias para aceptar y recibir esos regalos en cualquier momento.

El orden del Universo está basado en lo verdadero. La verdad es muy sencilla y no cambia. Tenemos el poder de escoger

Aprender a ser tú mismo; comienza en tu interior

nuestra propia forma de ver las cosas. Cada uno de nosotros, como individuos, tiene el control de la realidad que nos pertenece. Para cada uno de nosotros, la realidad que percibimos se convierte en una verdad, en una creación. Aunque tenemos la libertad de cambiar nuestra realidad, no podemos cambiar la verdad Universal. La Creación es muy paciente con sus hijos, les permite salir a jugar, pero sabe que regresarán a su lado. De la misma manera, podemos volar alrededor del mundo y terminar justo donde empezamos.

Bailemos mientras recorremos el camino hacia la paz, la alegría y la felicidad. Dejemos que corran las lágrimas de paz, y sintamos en nuestros corazones los regalos increíbles de alegría y felicidad.

En verdad he aprendido mucho y espero que tú también.

Sobre la autora

Luego de veintidós años en el mundo corporativo, Brenda Ehrler tuvo la oportunidad de dejar de ser una empleada corporativa y convertirse en dueña de un negocio propio. Fundó la casa publicadora *Just Be Publishing, Inc.* para publicar su libro de autoayuda creado para ayudar a los familiares y amigos de las personas adictas a sustancias a sanarse y recuperarse. Brenda logró recuperarse y sanar tras pasar por la experiencia de vivir con una persona que abusaba de sustancias. Esto la llevó a seguir lo que le dictaba su corazón y decidió ayudar a otros con sus libros, casetes y charlas. Brenda vive con su esposo, su hijo y su gato en Salt Lake City, Utah.

RECURSOS

Libros

Andrews, Ted. (1997). *How to See and Read the Aura*. St. Paul: Llewellyn Publications.

Cameron, Julia. (1992). *The Artist's Way: A Spiritual Path to Higher Creativity*. New York: G. P. Putnam's Sons.

Chopra, Deepak. (1994). *The Seven Spiritual Laws of Success*. San Rafael: Amber-Allen Publishing.

_____. (1993). *Ageless Body, Timeless Mind: The Quantum Alternative To Growing Old*. New York: Harmony Books, a division of Crown Publishers, Inc.

Dyer, Wayne W. (1992). *Real Magic*. New York: Harper Paperbacks, a division of Harper Collins Publishers.

Friel, John, and Friel, Linda. (1988). *Adult Children: The Secrets of Dysfunctional Families*. Deerfield Beach: Health Communications, Inc.

Gach, Michael Reed. (1990). *Acupressure's Potent Points*. New York: Bantam Books.

Hay, Louise L. (1984). *You Can Heal Your Life*. Carson, CA: Hay House, Inc.

King, Jani. (1991). *An Act of Faith*. Perth, Australia: TRIAD Publishers Pty. Ltd.

_____. (1991). *Transformation of the Species*. Perth, Australia: TRIAD Publishers Pty. Ltd.

Kingston, Karen. (1997). *Creating Sacred Space With Feng Shui*. New York: Broadway Books, a division of Bantam Doubleday Dell Publishing Group, Inc.

Martin, Joel, and Romanowski, Patricia. (1989). *We Don't Die*. New York: Berkley Publishing Group.

Maltz, Maxwell. (1960). *Psycho-cybernetics*. Englewood Cliffs: Prentice-Hall, Inc.

Nakken, Craig. (1988). *The Addictive Personality*. Center City: Hazelden Foundation.

Roman, Sanaya, and Packer, Duane. (1988). *Creating Money: Keys to Abundance*. Tiburon: H. J. Kramer, Inc.

Stone, Hal, and Sidra Stone. (1989). *Embracing Ourselves*. San Rafael: New World Library.

Wilde, Stuart. (1996). *Infinite Self*. Carlsbad: Hay House, Inc.

Publicaciones

Finn, Ralfee. (1998, August). *"The Aquarium Age." Catalyst*.

Casetes

Gawain, Shakti. (1996). *Four Levels of Healing: A Guide to Balancing the Spiritual, Mental, Emotional and Physical Aspects of Life*. Mill Valley: Nataraj Publishing.